ACTIVITY BOOK
PRACTICE PLUS

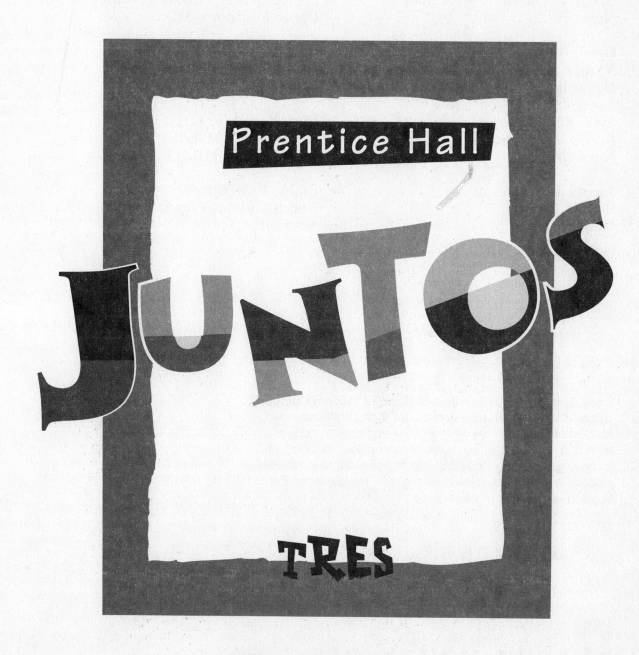

Prentice Hall

JUNTOS

TRES

PRENTICE HALL
Simon & Schuster Education Group
A VIACOM COMPANY

ACTIVITY BOOK

PRACTICE PLUS

SPECIAL CONSULTANTS

H. Judith Aucar
Brien McMahon High School
Norwalk, CT

Deena T. Begin
Nathan Hale Middle School
Norwalk, CT

Lynn A. Belardo
Roton Middle School
Norwalk, CT

Jacqueline Benevento
Rowan College
Glassboro, NJ

Leslie Grahn
Prince George's County Public Schools
Upper Marlboro, MD

William Jassey
Norwalk Public Schools
Norwalk, CT

Dora Kennedy
University of Maryland
College Park, MD

Elaine F. McCorry
Roton Middle School
Norwalk, CT

ISBN 0-13-434970-9

3 4 5 6 7 8 9 10 01 00 99 98

PRENTICE HALL
Simon & Schuster Education Group
A VIACOM COMPANY

CONTENTS

INTRODUCTION

Practicing what you already know, or what you would like to understand better, is the best way to learn another language. The more you work on your language skills, the more comfortable you will be communicating with others in Spanish.

Your *JUNTOS TRES Activity Book: Practice Plus* will help you improve your Spanish language skills. There are many different kinds of activities. Some will help you to learn new vocabulary words in context; others, to practice grammar forms in order to communicate with accuracy. Many activities will allow you to personalize what you have learned.

Your teacher will assign lessons from the *Activity Book* either as homework or classwork. Each section of the *Activity Book* supplements the corresponding part of your textbook. So, if you want more practice on a vocabulary theme or a grammar point, your *Activity Book* gives you new opportunities to hone your skills in those areas. You will also work on your reading comprehension and writing skills. You will create scenes for a play, write newspaper articles and speeches, and design travel brochures. The activities will prepare you to better communicate with ease in Spanish, in all kinds of circumstances.

ORGANIZATION OF THE ACTIVITY BOOK

The *Activity Book* mirrors the structure of your *JUNTOS TRES* textbook—to make it easier for you to practice vocabulary themes and grammar concepts as you go along in the textbook. You also have opportunities to check your understanding of the reading selections in the textbook and to express yourself in writing.

Your *JUNTOS TRES Activity Book* begins with the *Para comenzar* section, which reviews the key grammar concepts from *JUNTOS UNO* and *DOS*. You have a chance to reacquaint yourself with the grammar, as well as the vocabulary, that helps you to communicate in Spanish about topics that affect your daily life. *Para comenzar* also contains a series of reading comprehension activities to help prepare you for the reading selections in *JUNTOS TRES*.

Para comenzar is followed by ten chapters and ten *Guía de viajes* sections.

EACH CHAPTER OF THE ACTIVITY BOOK CONSISTS OF:

- **Conversemos**

  With these activities, you practice new words and expressions that should become part of your vocabulary. You also have the opportunity to answer questions and to discuss your opinions with classmates.

- **Realidades**

  You answer questions and write about what you have read in your textbook.

- **Palabras en acción: vocabulario**

  You get additional practice on the words and expressions that will help you communicate about the chapter's theme.

- **Para comunicarnos mejor: gramática (1, 2, and 3)**

  Summaries of the chapter's grammar points are included for easy reference and review. Charts and examples give you more ways to understand each grammar concept. You apply what you know in a series of activities.

- **Adelante**

  Activities in this section develop your reading comprehension skills and your understanding of various literary genres.

- **Taller de escritores**

  You will hone your writing skills and use your imagination, as you work with the chapter's vocabulary and grammar.

- **Repaso**

  You have an opportunity to review the main grammar and vocabulary elements of the chapter.

- **Resumen**

  Graphic organizers are provided for you to review the chapter's vocabulary. Also, you use your reading comprehension and writing skills to summarize stories, describe characters in your own words, and establish chronologies of events.

- **¿Qué aprendiste?**

  Test yourself on the vocabulary and grammar you practiced in the preceding sections of the chapter. Use your creativity to write dialogs.

THE GUÍA DE VIAJES SECTION:

These activities focus on your reading comprehension and understanding of the culture of each location in the *Guía de viajes*. You also have the chance to express your ideas and use your imagination in the *Proyectos*, in which you create travel brochures and advertisements, plan vacation itineraries, and so on.

NOMBRE________________________________FECHA__________

PARA COMENZAR

THE PRESENT TENSE

ACTIVIDADES Y COSTUMBRES

1. Cada día...

Complete the sentences, using the present tense of the verbs in parentheses.

1. Tú (comer) ________ pizza.

2. Ellos (dormir) ________ ocho horas.

3. Uds. (estudiar) ________ mucho.

4. Mi abuelo (regar) ________ el jardín.

5. Yo(ducharse) ________ por la manaña.

6. Ellos (mirar) ________ la televisión.

7. Nosotros (tomar) ________ agua.

8. Ella (caminar) ________ a la escuela.

9. Yo (leer) ________ el periódico.

10. Usted (ir) ________ a trabajar.

11. Tú (escribir) ________ en tu diario.

12. Uds.(recoger) ________ su cuarto.

2. En el parque

Write sentences in the present tense, using the pictures as cues.

1. Pablo ____

2. Tus padres ____

3. Yo ____

4. Tú ____

5. Nosotros ____

NOMBRE ______________________________ FECHA __________

THE PRETERITE

FIESTAS Y CELEBRACIONES

1. Las vacaciones de Juan

Complete the letter with the preterite of the verbs in parentheses.

Querido Simón:

Estas vacaciones yo (estar) __________ en Chile con mis amigos. Todos nos (poner) __________ de acuerdo y (ir) __________ en avión a Santiago. Allí yo (dormir) __________ en casa de mi tío y mis amigos (quedarse) __________ en un hotel. Un día, mi tía (preparar) __________ una gran fiesta para la quinceañera de mi prima. Mi hermano (comprar) __________ los regalos, yo (hacer) __________ un pastel y mis amigos (decorar) __________ la casa con globos, velas y flores. A la fiesta (venir) __________ mucha gente. Mis tíos (bailar) __________ y mi primo Javier (tocar) __________ la guitarra. Todos (quedarse) __________ hasta tarde. ¿Y tú? ¿Qué (hacer) __________ en tus vacaciones? Escribe pronto,

Juan

2. Preparando la fiesta

Rewrite the following sentences in the preterite.

1. Ellas preparan los sándwiches. ______________________________

2. Tú haces la piñata. ______________________________

3. Ustedes seleccionan la música. ______________________________

4. Nosotros decoramos la casa. ______________________________

5. Yo escribo las invitaciones. ______________________________

6. Él hace la lista de invitados. ______________________________

7. Ella prepara el pastel. ______________________________

8. Tus primos ponen la mesa. ______________________________

NOMBRE____ FECHA__________

FORMAL AND INFORMAL COMMANDS

VIDA SANA

1. Consejos para estar en forma

Give advice to the people listed below.

1. Usted come muchos dulces.

____

2. Tú quieres ponerte en forma.

____

3. Tú quieres evitar el estrés.

____

4. Ustedes no quieren engordar.

____

5. Usted come comida con mucha sal.

____

6. Ustedes no se sienten bien.

____

2. Cómo mantenerse sano

Change the formal commands into informal ones, and vice versa.

1. Haz abdominales. ______________________________

2. Corra dos kilómetros al día. ______________________________

3. Duerme ocho horas al día. ______________________________

4. Evite el estrés. ______________________________

5. Come alimentos sanos. ______________________________

6. No se vaya a la cama muy tarde. ______________________________

NOMBRE____FECHA__________

SER AND ESTAR

RECUERDOS DE VIAJE

1. Paisajes de América del Sur

Complete each sentence, using the appropriate form in parentheses.

1. Las cataratas del Iguazú (son / están) ______ impresionantes.

2. La Pampa (es / está) ______ en Argentina.

3. Las montañas de los Andes (son / están) ______ muy altas.

4. Tierra del Fuego (es / está) ______ en el sur de Argentina.

5. El cañón del Colca (es / está) ______ profundísimo.

6. Las ruinas de Machu Picchu (son / están) ______ de piedra.

7. La catedral de Cuzco (es / está) ______ muy antigua.

8. En Chile, los monumentos (son / están) ______ muy bien cuidados.

2. En Perú

Complete the sentences, using the appropriate forms of *ser* and *estar*.

1. Perú _______ un país muy interesante. _______ en América del Sur.

2. Mis primos _______ de Perú. _______ muy emocionados porque voy a visitarlos.

3. Mi tío _______ guía turístico. _______ muy simpático.

4. La casa de mis tíos _______ en las afueras de Cuzco. _______ muy antigua.

5. Las paredes _______ de piedra y _______ llenas de fotos de toda la familia.

6. Ahora yo ______ escribiendo cartas a todos mis amigos de Estados Unidos.

7. Ayer visitamos la Plaza de Armas. ¡ _______ hermosísima!

8. Yo _______ muy contento de pasar mis vacaciones en Perú. ¡ _______ fabuloso!

NOMBRE ______________________________ FECHA __________

THE PRESENT PROGRESSIVE

EL MEDIO AMBIENTE

1. Conservando el medio ambiente

Complete the sentences with the present progressive of the verbs in parentheses.

1. El alcalde (poner) ________________ más contenedores.

2. Mis amigos (reciclar) ________________ papel, vidrio y aluminio.

3. Yo no (hacer) ________________ pintadas en las paredes.

4. Tú (limpiar) ________________ las zonas verdes.

2. ¿Qué están haciendo?

Write sentences, using the present progressive and the information below.

1. nosotros / reciclar vidrio

____

2. tú / evitar el uso de aerosoles

____

3. mis profesores / usar menos papel

____

4. yo / proteger a los animales en peligro de extinción

____

5. mi prima / pintar murales

____

6. ustedes / mantener las zonas verdes limpias

____

POR AND PARA

LA VIDA EN EL CAMPO

1. En la estancia

Complete the following sentences, using *por* or *para*.

1. El capataz se levanta temprano ________ la mañana.

2. La granjera lleva maíz ________ las gallinas.

3. El conejo pasea ________ el huerto.

4. El cocinero va ________ el corral.

5. El trabajador cambia tres ovejas ________ una vaca.

6. Yo voy al establo ________ cepillar los caballos.

7. La manguera es ________ regar el jardín.

8. Mi hermano va a vivir en una estancia ________ tres semanas.

2. La rutina del campo

Complete the sentences, using *por*, *para*, and vocabulary related to life in the country.

1. El cocinero prepara comida ____________________.

2. El tractor es ____________________.

3. Te doy un conejo ____________________.

4. El jardinero pasea ____________________.

5. En el campo tienes que ir a dormir temprano ____________________.

6. El granjero necesita el tractor ____________________.

7. Los domingos, los trabajadores van ____________________.

8. Hay que ordeñar las vacas cada día ____________________.

NOMBRE ______________________________ FECHA __________

THE IMPERFECT

CUANDO ÉRAMOS NIÑOS

1. ¿Qué hacían cuando eran niños?

Complete the sentences with the imperfect tense, using the pictures as cues.

1. Mi hermano ______________________ con sus amigos.

2. Yo ______________________ todos los sábados.

3. Tus primos ______________________ en el mar.

4. Tú ______________________ cada noche para la cena.

5. Nosotros ______________________ todos los viernes.

6. Ustedes ______________________ en el parque.

2. Nuestra niñez

Rewrite the following sentences in the imperfect.

1. Tú te llevas bien con todos tus amigos.

____

2. Nosotros jugamos a las canicas todas las tardes.

____

3. Ella salta a la cuerda con su hermana.

____

4. Ustedes se pelean a menudo.

____

NOMBRE ______________________________ FECHA __________

THE PRETERITE AND THE IMPERFECT

LA FAMILIA

1. La historia de mi familia

Complete the paragraph with the preterite or the imperfect of the verbs in parentheses.

Mis abuelos (conocerse) ________________ en la playa. A los dos les (gustar) ________________ mucho nadar. En seguida (enamorarse) ______________ y (casarse) ___________________. Cuando (nacer) ________________ mi padre, la familia (vivir) ________________ en un pueblecito pesquero. Pero en 1958, (irse) ________________ a la ciudad. Mi padre (estudiar) ________________ por las mañanas y (trabajar) ________________ en una fábrica por la noche. Allí (conocer) ________________ a mi madre. A los cinco años (casarse) ________________ y un año después, (nacer) ________________ yo. Cuando yo (tener) ________________ siete años, mis padres (tener) ________________ su segundo hijo, mi hermana Cecilia. Ella y yo siempre (jugar) ________________ juntos en el jardín de la casa. Aunque a veces (pelearse) ________________ , generalmente (llevarse) ________________ muy bien.

2. Mi primo y yo

Complete the sentences with the preterite or the imperfect of the verbs in parentheses.

1. Mi primo y yo siempre (llevarse) ______________ muy bien.

2. Cada fin de semana (ir) ______________ de excursión.

3. Una vez, él me (preparar) ______________ una fiesta divertidísima para mi cumpleaños.

4. Todos (estar) ______________ bailando, cuando él (caerse) ____________ encima del pastel. (Ser) ______________ cómico.

NOMBRE ______________________ FECHA __________

THE PRESENT PERFECT

BUSCANDO TRABAJO

1. Experiencia de trabajo

Complete the sentences with the present perfect of the verbs in parentheses, using the pictures as cues.

1. Mi hermano (trabajar) ______________________.

2. Yo (enseñar)______________________.

3. Tus primos (ser) ______________________.

4. Tú (estudiar) ______________________.

5. Nosotros (repartir)______________________.

6. Ustedes (entrenar) ______________________.

2. Preparados para la entrevista

Write sentences telling what the people listed below have done to get ready for their job interviews.

1. yo / pedir cartas de recomendación

____

2. él / escribir el currículum

____

3. ustedes / leer los anuncios del periódico

____

4. tú / hablar con el consejero

____

NOMBRE____FECHA____________

THE PRESENT SUBJUNCTIVE

TU FUTURO

1. ¿Qué quieren?

Complete the sentences with the present subjunctive of the verbs in parentheses.

1. Mis tíos nos aconsejan que (ser) ____________ abogados.

2. Tu abuelo quiere que tú (graduarse) ____________ este año.

3. Sara quiere que su hija (buscar) ____________ un trabajo de verano.

4. El profesor les pide que (hablar) ____________ con el consejero.

5. Mis padres esperan que yo (leer) ____________ mi tesis doctoral algún día.

6. Mi madrina quiere que mis hermanos (pedir) ____________ una beca.

2. ¿Qué consejos les dan?

Write sentences, using the present subjunctive and the information and pictures below. Follow the model.

1. mis padres / aconsejar / a ti / ser

Mis padres te aconsejan que seas asistente social.

2. mi primo / decir / a ustedes / trabajar

____

3. tú / quieres / tu hermano / estudiar

____

4. ustedes / pedir / a mí / buscar trabajo de

____

NOMBRE ______________________________ FECHA __________

IMPERSONAL EXPRESSIONS WITH THE SUBJUNCTIVE

LA COMUNIDAD

1. Ayudando en la comunidad

Write advice for the people listed below, using *es... que* and the present subjunctive.

1. Juan siempre tira los periódicos a la basura.

   ____

2. Tú siempre usas laca en aerosol.

   ____

3. Yo, a veces, tiro la bolsa del sándwich en el parque.

   ____

4. Ustedes muchas veces se quedan en casa sin hacer nada.

   ____

5. Mis padres tiran las botellas a la basura.

   ____

6. Nosotros hacemos pintadas en las paredes del vecindario.

   ____

2. Buenos ciudadanos

Complete the sentences with the present subjunctive of the verbs in parentheses.

1. Es importante que todos (mantener) __________ la ciudad limpia.
2. Es necesario que tú (ser) __________ respetuoso con todo el mundo.
3. Es bueno que el centro comunitario (organizar) __________ exposiciones.
4. Es útil que yo (ayudar) __________ a los ancianos.
5. Es cómodo que las ciudades (tener) __________ tantos semáforos.
6. Es increíble que ustedes no (ir) __________ al centro recreativo.

NOMBRE ______________________________ FECHA __________

NOSOTROS(AS) COMMANDS

VOLUNTARIOS

1. **¡Trabajemos de voluntarios!**

Complete the sentences with the *nosotros(as)* commands of the verbs in parentheses.

1. (trabajar) ____________________ de voluntarios.
2. (ayudar) ____________________ a limpiar las zonas verdes.
3. (repartir) ____________________ donativos.
4. (hacer) No ____________________ pintadas.
5. (atender) ____________________ a los ancianos.
6. (enseñar) ____________________ cerámica a los niños.
7. (recoger) ____________________ ropa para la gente sin hogar.
8. (organizar) ____________________ actividades en el centro comunitario.

2. **¡Hagámoslo!**

Rewrite the following sentences, using *nosotros(as)* commands.

1. Entrena a los niños del vecindario. ____________________
2. Mantén el parque limpio. ____________________
3. Prepara una fiesta en el centro recreativo. ____________________

   ____
4. Trabaja de niñero. ____________________
5. Pinta un mural en la pared de la escuela. ____________________

   ____
6. Recicla el vidrio, el papel y el aluminio. ____________________

   ____
7. Cuida a los niños de la guardería. ____________________
8. Haz traducciones para el centro comunitario. ____________________

   ____

NOMBRE____FECHA____________

DIRECT OBJECT PRONOUNS

PREPARANDO LA COMIDA

1. En la cocina

Complete the sentences by attaching the appropriate direct object pronoun to the infinitive. Then rewrite the sentences by placing the pronoun before the conjugated verb.

1. Necesitamos cebollas. Tenemos que comprar_______ .

____

2. El pan todavía tienes que cortar_______ .

____

3. Los vegetales tienen que hervir_______ .

____

4. Las uvas no están limpias. Tengo que lavar_______ .

____

5. La sartén está fría. Debe calentar_______ .

____

6. El mantel no está puesto. Tiene que poner_______ .

____

2. La receta

Complete the following recipe with the appropriate direct object pronouns.

Para preparar unos huevos fritos necesitamos una sartén. ______ calentamos con aceite. Sacamos los huevos del refrigerador, ______ abrimos, ______ ponemos en la sartén y ______ freímos. Después, tomamos el pan, ______ cortamos y ______ ponemos en un plato. El plato ______ ponemos en la mesa. Y recuerda: ¡al final, la cocina hay que recoger______ !

NOMBRE____FECHA____________

DIRECT AND INDIRECT OBJECT PRONOUNS

COMPRAS Y REGALOS

1. Regalos de Chile

Complete the following sentences with the appropriate indirect object pronouns.

1. Mis tíos _______ trajeron a mi hermano y a mí unos ponchos chilenos.

2. Tu abuelo _______ compró a ti un libro sobre los Andes.

3. A tus padres, tu abuela _______ regaló artesanías chilenas.

4. Su tía _______ compró a ustedes discos compactos de música andina.

5. A mí _______ trajeron una máscara de cerámica.

6. A tu madre _______ regalaron una blusa.

2. Préstamos y compras

Write sentences with the appropriate direct or indirect object pronouns, according to the information given below.

1. tú / prestar tu bicicleta / a mí

____

2. Carla / llamar para ir de compras / a ti

____

3. mis padres / regalar flores / a tus padres

____

4. tú / invitar a la fiesta de cumpleaños / a nosotros

____

5. mis abuelos / regalar un coche / a mi hermano y a mí

____

6. su novio / comprar un anillo / a ella

____

NOMBRE____FECHA__________

READING COMPREHENSION

1. Comida rápida en México

Read the following text and circle the correct answer for each question below.

En Ciudad de México la comida rápida es muy popular. A los jóvenes les gusta ir a restaurantes de comida rápida con sus amigos. Las taquerías, las torterías, las pizzerías y los lugares que venden hamburguesas están llenos de gente a la hora de la comida (de 2:00 p.m. a 4:00 p.m.) y a la hora de la cena (de 7:00 p.m. a 10:00 p.m.). La comida rápida en México es "buena, rápida y, lo más importante, ¡barata!", según dicen los jóvenes mexicanos.

1. En México se come la comida...
a. a la misma hora que en EE.UU. **b.** más temprano que en EE.UU. **c.** más tarde que en EE.UU.

2. Generalmente, los jóvenes mexicanos van a los restaurantes de comida rápida...
a. solos **b.** en grupo **c.** con sus familias

3. Los restaurantes de comida rápida...
a. están llenos a la hora de la comida y de la cena **b.** están llenos a todas horas **c.** nunca están llenos

2. Los huracanes

Read the following text and tell whether the statements below are *cierto* (C) or *falso* (F).

Huracán es una palabra de origen taíno que significa "dios de las tormentas" o "mal espíritu". Un huracán es una corriente de aire caliente y húmedo que se forma en los mares tropicales, normalmente entre los meses de junio y noviembre. Los huracanes giran en espiral debido a la rotación de la Tierra. Cuando la velocidad del aire es de más de 74 millas por hora, es un huracán.

1. Para los taínos, *huracán* quiere decir buen espíritu. ________

2. Los huracanes viajan a menos de 70 millas por hora.________

3. Generalmente, los huracanes se forman en verano y otoño. ________

4. Los huracanes giran porque la Tierra da vueltas. ________

NOMBRE ________________________________ FECHA __________

3. Los hábitos de Juan

Read the following text and tell whether the statements below are *cierto* (C) or *falso* (F).

Estudio segundo de Educación Secundaria. Voy a la escuela en el autobús escolar. La parada del autobús esta muy cerca de mi casa. Normalmente me pongo vaqueros y una camiseta. No salgo mucho por la noche, aunque muchas tardes voy al cine. Mi materia favorita es la gimnasia. Me gusta leer tebeos y revistas de informática. ¡Me paso muchas horas frente a la computadora!

1. Para llegar a la parada del autobús, Juan tienen que caminar mucho. ______

2. En la escuela, a Juan le gusta mucho la educación física. ______

3. Para ir a la escuela, Juan se viste con ropa muy elegante. ______

4. Juan sale con sus amigos todas las noches. ______

4. Greenpeace

Read the following text and circle the correct answer for each question below.

El mar Mediterráneo está en peligro. Los grupos ecologistas como Greenpeace están haciendo una campaña ecológica para proteger a los peces y a las personas que van a la playa. Greenpeace-España tiene 30 personas trabajando para la organización. También hay muchos jóvenes voluntarios que ayudan a Greenpeace en su tiempo libre. Greenpeace captura a los barcos de pesca ilegales, que usan redes de pesca más grandes de las permitidas.

1. ¿Cómo protege a los peces Grenpeace?

a. Capturando barcos de pesca ilegales. **b.** Poniendo carteles. **c.** Ayudando a los voluntarios.

2. ¿Cuál es la función principal de Greenpeace, según el texto?

a. Hacer campañas ecológicas. **b.** Trabajar con los voluntarios. **c.** Capturar barcos de pesca.

3. ¿Qué hacen los jóvenes voluntarios de Greenpeace?

a. Protegen a las personas que van a la playa. **b.** Protegen a los peces. **c.** Ayudan en su tiempo libre.

NOMBRE ______________________________ FECHA __________

READING COMPREHENSION

1. Los mayas y el tiempo

Read the following text and tell whether the statements below are *cierto* (C) or *falso* (F).

Los mayas inventaron un sistema de escritura con jeroglíficos, similar al de los antiguos egipcios. También crearon un sistema de números muy sofisticado, basado en múltiplos de veinte. Gracias a estos inventos y a sus conocimientos de astronomía, los mayas desarrollaron un sistema de gran precisión para medir el tiempo. Un mes para los mayas tenía veinte días y se llamaba *uinal*. Ellos tenían un calendario religioso de 13 uinales (260 días), y un calendario solar de 18 uinales (360 días).

1. Los mayas eran muy sofisticados, pero sólo sabían contar hasta veinte. ____

2. Los egipcios y los mayas escribían usando jeroglíficos. ____

3. Los mayas usaban jeroglíficos para medir el tiempo. ____

4. Un mes maya es más corto que uno de nuestros meses. ____

2. El continente helado

Read the following text and circle the correct answer for each question below.

La Antártida es un continente muy misterioso. Hasta el siglo XX estuvo prácticamente sin explorar, y todavía hoy no se conocen sus dimensiones exactas, porque está todo el tiempo cubierta por hielos. Aunque no tiene una población permanente, científicos de todo el mundo la visitan continuamente. Ellos estudian problemas como el del agujero en la capa de ozono, que está concentrado sobre la Antártida.

1. ¿Cuánto mide al Antártida?

a. Hasta el siglo XX. **b.** No tiene población permanente. **c.** No se sabe exactamente.

2. ¿Por qué visitan los científicos la Antártida?

a. Porque es misteriosa. **b.** Porque está sin explorar. **c.** Para estudiar problemas ambientales.

3. ¿Cuál de las siguientes frases no describe la Antártida?

a. Continente helado **b.** Continente muy poblado **c.** Continente misterioso

NOMBRE________________________________ FECHA__________

3. El flamenco, una tradición española

Read the following text and circle the correct answer for each question below.

El flamenco es una forma artística típica de Andalucía, una región en el sur de España. Sus orígenes no están claros: tiene influencia de la cultura árabe y también de la cultura gitana. El instrumento clásico del flamenco es la guitarra pero los elementos básicos para el flamenco son la voz y el baile. Los artistas que lo cantan se llaman *cantaores* o *cantaoras* y los artistas que lo bailan se llaman *bailaores* o *bailaoras*.

1. El flamenco es una forma artística...

a. andaluza **b.** árabe **c.** gitana

2. El instrumento clásico del flamenco es...

a. la voz **b.** el baile **c.** la guitarra

3. Una mujer que canta flamenco se llama...

a. bailaora **b.** cantaor **c.** cantaora

4. La herencia hispana en San Diego

Read the following text and tell whether the statements below are *cierto* (C) or *falso* (F).

San Diego es la segunda ciudad más grande del estado de California, y tiene casi un millón de habitantes. Se dice que California empezó en San Diego. En 1542 Juan Rodríguez Cabrillo llegó a este lugar, que no se llamó San Diego hasta setenta años más tarde. En 1769 Fray Junípero Serra fundó allí la primera de sus veinte misiones. Hoy es una ciudad importante por el turismo y la industria de las computadoras.

1. San Diego tiene más de un millón de habitantes. _______

2. Juan Rodríguez Cabrillo llamó San Diego a California. _______

3. Fray Junípero Serra fundó varias misiones. _______

4. En San Diego no se producen computadoras. _______

NOMBRE ______________________________ FECHA ____________

CAPÍTULO 1, MI NIÑEZ

CONVERSEMOS

¿Te portabas bien de niño(a)?

Using new vocabulary

Answer the questions below and compare your answers with those of your classmates. Then, on a separate sheet of paper, summarize your findings. You may want to use some of these words: *algunos, nadie, la mayoría* (the majority), *todo el mundo, estar / no estar de acuerdo* (to agree / disagree).

1 ¿Cómo eras?

	No	Un poco	Muy
alegre	❑	❑	❑
atrevido(a)	❑	❑	❑
callado(a)	❑	❑	❑
cómico(a)	❑	❑	❑
egoísta	❑	❑	❑
hablador(a)	❑	❑	❑
malhumorado(a)	❑	❑	❑
perezoso(a)	❑	❑	❑
rebelde	❑	❑	❑
serio(a)	❑	❑	❑
travieso(a)	❑	❑	❑

2 ¿Cómo te llevabas con tu familia?

	Nunca	A veces	Siempre
Me llevaba bien con todos.	❑	❑	❑
No aguantaba a mi primo(a).	❑	❑	❑
Me peleaba con mi hermano(a) menor.	❑	❑	❑

3 ¿Te regananñaron tus padres alguna vez? ¿Por qué? Porque...

	Sí	No
critiqué a mi hermano(a) menor.	❑	❑
gasté toda mi paga semanal.	❑	❑
hice travesuras.	❑	❑
me burlé de mi hermano(a).	❑	❑
me quejé de cosas sin importancia.	❑	❑
no dejé en paz a mis padres.	❑	❑

5 ¿Qué tareas domésticas te gustaba más hacer cuando eras niño(a)? Indica tu preferencia.

______ ayudar a preparar la comida
______ cuidar a mis hermanos menores
______ hacer la cama
______ hacer mandados
______ lavar el coche
______ lavar los platos
______ sacar al perro
______ sacar la basura

4 Mi padres me premiaban cuando...

	Nunca	A veces	Siempre
cumplía con las reglas de la casa.	❑	❑	❑
hacía la tarea.	❑	❑	❑
les hacía caso a los mayores.	❑	❑	❑
me portaba bien.	❑	❑	❑
sacaba buenas notas.	❑	❑	❑

NOMBRE ______________________ FECHA __________

REALIDADES

1. Recuerdos familiares

Reading comprehension

Answer the questions based on what you have read.

1. ¿Quiénes estuvieron con la joven española el día de su primera comunión?

____

____

2. ¿Por qué dice el joven de Texas que vivir con sus abuelos era el paraíso?

____

____

3. ¿Qué hicieron la joven colombiana y su familia en la playa de Santa Marta?

____

4. ¿Qué apodos cariñosos reciben los niños y niñas en algunos países hispanos?

____

5. Según los jóvenes de Buenos Aires, ¿cuál es la característica más importante de sus familias?

____

6. ¿Qué actividad es colectiva en varios países hispanos?

____

2. Sobre tu familia

Expressing your point of view

Complete this chart about your family. Then, on a separate sheet of paper, write a paragraph summarizing your opinions.

	Siempre / Con frecuencia	A veces	Nunca
Todos participamos en las tareas domésticas.			
Nos llevamos bien.			
Respetamos diferentes opiniones.			
Cumplimos las reglas de la casa.			
Los amigos son bienvenidos.			
Organizamos reuniones familiares.			

NOMBRE ______________________________ FECHA ____________

PALABRAS EN ACCIÓN: VOCABULARIO

1. Las tareas domésticas.

Practicing vocabulary: household chores

Complete the dialog, according to the information in the schedule.

	MAMÁ	PAPÁ	ROSA	LOLI	ÁNGEL
lunes	cocinar	sacar al perro			
martes	pasar la aspiradora		sacar al perro	lavar la ropa	ordenar el cuarto
miércoles		cortar el césped	hacer mandados	sacar al perro	
jueves	lavar la ropa	lavar el coche	ir de compras		lavar los platos
viernes	sacar al perro	cocinar	ayudar a preparar la comida	cuidar al bebé de los vecinos	sacar la basura
sábado			planchar la ropa	cocinar	limpiar el baño

It is Tuesday. Rosa and José are talking on the phone.

José: ¡Hola Rosa! ¿Quieres venir conmigo al cine esta tarde?

Rosa: Gracias, pero no puedo. Los martes tengo que sacar al perro.

José: ¿Por qué no lo saca tu hermano Ángel?

Rosa: Porque él tiene que ________________.

José: ¿Y mañana?

Rosa: Lo siento, pero mañana tengo que ________________.

José: ¿Y tu hermana Loli? ¿Puede venir hoy al cine?

Rosa: No creo, porque los martes tiene que ________________.

José: Y el viernes, ¿quieres salir conmigo?

Rosa: El viernes tengo que ________________________, pero le voy a pedir permiso a mi padre para salir contigo.

José: ¿Pueden tus padres venir a cenar a mi casa el jueves?

Rosa: No lo sé, pero creo que no. Los jueves mi mamá tiene que ________________ y mi papá tiene que ________________.

2. Costumbres familiares.

Writing about yourself

On a separate sheet of paper, make a household schedule for your family. Then write a paragraph to summarize what the different family members do.

NOMBRE ________________________ FECHA __________

3. Opuestos

Practicing vocabulary: descriptive adjectives

Write the opposite of each adjective below.

1. cómico ________________

2. aburrida ________________

3. perezosa ________________

4. alegre ________________

5. generoso(a) ________________

4. Sopa de letras

Practicing vocabulary: describing people

Find ten adjectives. Then write two sentences including some of these adjectives. Finally, complete the sentences below.

I	C	O	C	O	M	I	C	A	T	M
M	A	L	H	U	M	O	R	A	D	A
A	B	I	A	B	M	L	K	F	A	A
J	U	S	B	A	U	I	J	U	T	D
I	R	T	L	W	R	E	C	M	S	I
N	R	A	A	U	E	D	O	A	I	V
Z	I	D	D	I	B	A	S	X	O	E
T	D	I	O	S	E	R	I	A	G	R
C	A	T	R	R	L	O	H	G	E	T
V	S	E	A	N	D	Y	E	O	L	A
A	S	O	U	T	E	R	G	E	L	A

Write two original sentences using words of the puzzle.

1. ________________________________
____
____

2. ________________________________
____
____

1. Una persona que sabe hacer muchas cosas es muy ________________.

2. Una persona que no cumple las reglas es ________________.

3. Una persona que hace cosas peligrosas es ________________.

4. Una persona que nunca se ríe es ________________.

5. Una persona que es divertida y se ríe mucho es ________________.

6. Una persona que hace reír a la gente es ________________.

7. Una persona que habla mucho es ________________.

8. Una persona que está enojada está ________________.

9. Una persona que no se divierte es ________________.

10. Una persona que no quiere compartir nada es ________________.

NOMBRE ______________________________ FECHA __________

PARA COMUNICARNOS MEJOR: GRAMÁTICA

The imperfect tense

Imperfect of -ar *verbs*
cantar: cantaba, cantabas, cantaba, cantábamos, cantábais, cantaban
Imperfect of -er *and* -ir *verbs*
hacer: hacía, hacías, hacía, hacíamos, hacíais, hacían **salir:** salía, salías, salía, salíamos, salíais, salían
Imperfect of ir, ser *and* ver
ir: iba, ibas, iba, íbamos, ibais, iban **ser:** era, eras, era, éramos, erais, eran **ver:** veía, veías, veía, veíamos, veíais, veían

1. ¿Cómo eran las Navidades en familia?

Practicing the imperfect tense

Complete the paragraph with the correct imperfect forms of the appropriate verbs from the box below.

comprar	celebrar	decorar	ser	cocinar	organizar	venir

Cuando ________________ niña, mi familia ________________ una gran cena el día de Navidad. Siempre ________________ esta fiesta juntos. Mi tía Luisa y mi primo José ________________ de Puerto Rico. Por la mañana, mi hermano y yo ________________ la casa y papá ________________ la comida. Mi mamá y mi abuelita ________________.

2. En la niñez

Practicing the imperfect tense

Use the imperfect tense to answer questions about your childhood.

1. ¿Cómo eras de niño(a)? ________________________________
2. ¿A qué le gustaba jugar a tu hermano? ________________________
3. ¿Cuándo se reunía tu familia? ____________________________

   ____
4. ¿Adónde iban tu familia y tú para las vacaciones? ______________
5. ¿Qué tareas domésticas hacías? __________________________
6. ¿Cómo te llevabas con tus amigos en la escuela? _______________

NOMBRE ______________________________ FECHA ____________

3. ¿Qué hacían en el verano?

Practicing the imperfect tense

Use the imperfect tense to describe what these people used to do during summer vacation.

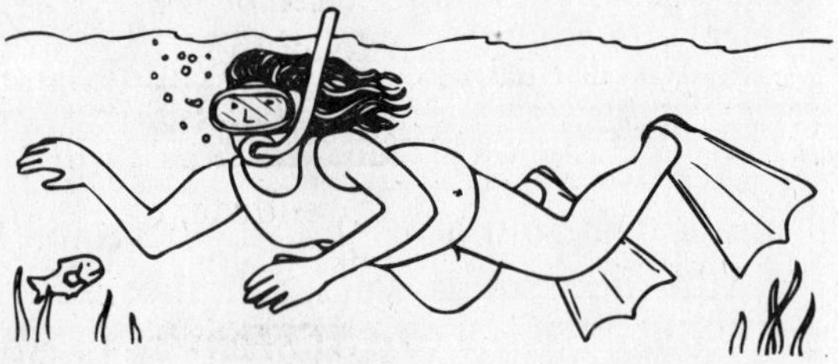

1. (mi familia y yo) Todos los veranos, mi familia y yo acampábamos en la playa.

2. (tú) Por la mañana, ______________________________

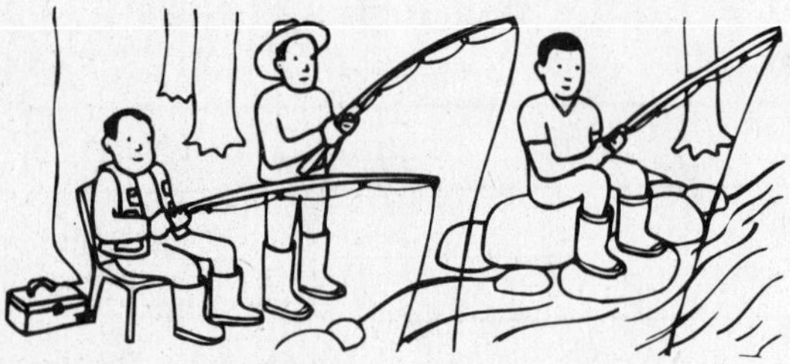

3. (mi papá) Después de comer, ______________________________

4. (mis abuelos) A veces, ______________________________

5. (yo) Todas las tardes, ______________________________

6. (ustedes) A veces, ______________________________

PARA COMUNICARNOS MEJOR: GRAMÁTICA

The preterite tense

Preterite of -ar verbs		
cuidar: cuidé, cuidaste, cuidó, cuidamos, cuidasteis, cuidaron		
Preterite of -er and -ir verbs		
aprender: aprendí, aprendiste, aprendió, aprendimos, aprendisteis, aprendieron **vivir:** viví, viviste, vivió, vivimos, vivisteis, vivieron		
Preterite of stem-changing verbs that end in -ir		
pedir (i): pedí, pediste, pidió, pedimos, pedisteis, pidieron **dormir (u):** dormí, dormiste, durmió, dormimos, dormisteis, durmieron		
Preterite of verbs that take a spelling change in the yo form		
sacar: saqué	**empezar:** empecé	**jugar:** jugué
Preterite of dar, ir and ser		
dar: di, diste, dio, dimos, disteis, dieron **ir / ser:** fui, fuiste, fue, fuimos, fuisteis, fueron		

1. ¿Qué hizo Laura ayer?

Practicing the preterite tense

Use the correct preterite forms of the verbs in parentheses to complete Laura's paragraph about what she did yesterday.

Ayer yo (dormir) ________________ hasta las siete de la mañana. (prepararse) ________________ para ir a la escuela y (salir) ________________ de casa a las ocho. Las clases (empezar) ________________ a las ocho y media, y (terminar) ________________ a las tres de la tarde. Mis compañeras y yo (comer) ________________ juntas en la cafetería. En el patio yo (jugar) ________________ al baloncesto con mi equipo. En las clases de español la profesora nos (pedir) ________________ la tarea. Por la tarde, mi hermana y yo (ir) ________________ a clase de piano y después yo (cuidar) ________________ a los hijos de unos vecinos. Cuando (llegar) ________________ a casa, (dar) ________________ de comer al perro y lo (sacar) ________________ a pasear. Por la noche (ver) ________________ la televisión con mi familia.

NOMBRE ______________________________ FECHA __________

2. ¿Qué pasó?

Practicing the preterite tense

Use the preterite tense to complete these sentences. Say what happened differently and what the consequences were.

1. De niña yo siempre me portaba muy bien, pero un día me porté muy mal y mis padres me regañaron.

2. Tú siempre ibas vacaciones a la playa, pero el verano pasado ______________________________

3. Mi papá nunca cocinaba, pero el mes pasado ______________________________

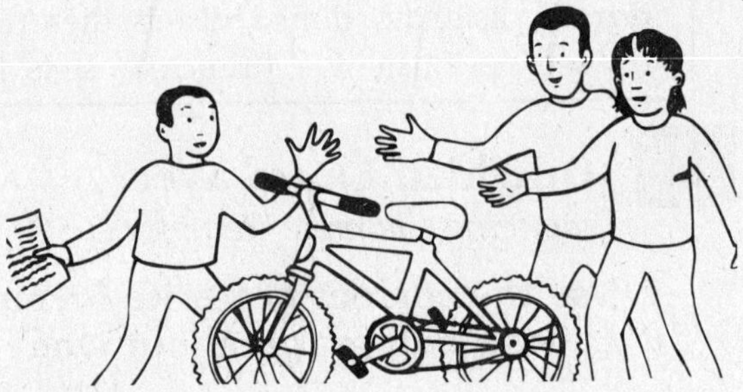

4. Mi hermano siempre sacaba malas notas, pero ayer ______________________________

5. Cuando era niña yo nunca jugaba al ajedrez, pero este año ______________________________

6. En invierno nosotros siempre esquiábamos, pero el invierno pasado ______________________________

NOMBRE ______________________ FECHA __________

PARA COMUNICARNOS MEJOR: GRAMÁTICA

Irregular verbs in the preterite

- The verbs in the chart take the following endings in the preterite: ***-e, -iste, -o, -imos, -isteis,*** and ***-ieron***—with the exception of ***traer*** and ***decir***, which take ***-eron*** in the ***Uds. / ellos / ellas*** form. Also note that the ***Ud. / él / ella*** form of ***hacer*** is ***hizo.***

Verbs with irregular stems in the preterite	
tener: tuv- andar: anduv- estar: estuv- poner: pus-	venir: vin- traer: traj- decir: dij- hacer: hic-

1. Investigación

Practicing irregular verbs in the preterite

You are a detective who is questioning a witness. Read the witness's answers and then write the appropriate questions.

1. ¿Dónde estuviste anoche? Anoche estuve en la discoteca Flex.
2. ______________ No, fui con mi amiga Rosa.
3. ______________ Después fuimos a dar un paseo.
4. ______________ Anduvimos por el centro de la ciudad.
5. ______________ Sí, yo vi a un hombre que corría.

2. Incendio en la ciudad

Practicing irregular verbs in the preterite

Use words from each column and the preterite to write sentences about a news event.

Las ambulancias	traer	que apagar el incendio.
Los/Las enfermeros(as)	llegar	inmediatamente a la escena del incendio.
El/La policía	poner	mantas y medicinas.
Los bomberos	decir	a las víctimas en la ambulancia.

1. La policía llegó inmediatamente a la escena del incencio.
2. ______________
3. ______________
4. ______________

3. ¿Adónde fueron?

Practicing irregular verbs in the preterite

Complete each sentence with the correct verb form.

1. El año pasado ________________ una excursión al Gran Cañón.

a. hice **b.** hacía **c.** hago

2. Algunos padres y madres también ________________ con nosotros.

a. vienen **b.** vinieron **c.** venían

3. ________________ allí una semana y visitamos varios parques nacionales.

a. Estamos **b.** Estábamos **c.** Estuvimos

4. Mi padre ________________ que fue el viaje más interesante de su vida.

a. dijo **b.** decían **c.** digo

4. Así fue

Practicing the preterite tense

Rewrite the following sentences in the preterite tense. Use a pronoun to replace the subject when appropriate.

1. Mis primos tienen un fiesta el sábado.

____

2. Lola dice muchas tonterías.

____

3. Nosotros hacemos una coreografía de danza moderna en la escuela.

____

4. Yo traigo la fruta para la ensalada.

____

5. Mario hace la cama antes de ir a la escuela.

____

6. Tú pones los platos en el lavaplatos.

____

NOMBRE____FECHA__________

ADELANTE

1. Cartas a la consejera

Reading comprehension

Read the letters that Raquel and Yolanda wrote. Write (C) for *cierto* next to each correct sentence or (F) for *falso* if the sentence is incorrect.

1. La familia de Raquel presta más atención a sus hermanas que a ella. _____
2. Raquel es la hermana mayor. _____
3. La hermana pequeña de Raquel es elegante y bonita. _____
4. Raquel es alegre y practica deportes. _____
5. Las hermanas de Raquel son siempre el foco de atención. _____
6. A Yolanda le gusta un chico muy feo. _____
7. La mamá de Yolanda la controla mucho. _____
8. La mamá de Yolanda no la deja salir con un chico. _____
9. Yolanda siempre puede usar el teléfono. _____
10. La mamá de Yolanda no confía en su hija. _____

2. Buenos consejos

Summarizing what you have read

Underline the sentence that best summarizes the counselor's advice to each girl.

Para Raquel:

1. Si te comes un sándwich, cómete primero la parte del medio. ¡Es la mejor!
2. Demuéstrales a todos que eres una persona con cualidades magníficas.
3. No practiques tanto deporte y estudia un poco más.
4. Te pasas la vida en la sombra, toma un poco el sol y te vas a sentir mejor.

Para Yolanda:

1. Las madres siempre quieren lo mejor para sus hijas.
2. Lo mejor es que pelees con el chico y no lo llames más por teléfono.
3. Vive en casa de una amiga, así puedes tener más libertad.
4. Gánate la confianza de tu madre y háblale de tus sentimientos. Después invita a tu amigo.

NOMBRE____ FECHA____________

TALLER DE ESCRITORES

Tú eres el consejero

Writing a letter

Read the following letter written by a friend.

Querido consejero:

Soy un joven de 15 años y me paso las noches sin dormir, los días sin comer y las horas sin estudiar. Te vas a preguntar, ¿qué le pasa? No te lo puedes imaginar. Me gusta muchísimo una chica de mi clase y ella ni me mira. Se pasa el día estudiando en la biblioteca y jugando al ajedrez. Yo soy simpático con ella y a veces la quiero invitar a un refresco, pero ella me ignora totalmente. Ayer le dije que tenía unos ojos muy bonitos y ella se rió delante de mis amigos. Piensa que soy serio y malhumorado, pero no es verdad. Ya no quiero ni ir a la escuela. Ayúdame, por favor. ¿Qué puedo hacer para ganarme su amor?

Un desesperado de 15 años

Now write a letter in response. You can use the expressions in the box.

te recomiendo que...	¿por qué no tratas de... ?
demuéstrale que...	en mi opinión...
dile que...	yo creo que...
lo que debes hacer es...	es una buena idea que...

____

____

____

____

____

____

NOMBRE ______________________ FECHA __________

REPASO

1. Tu opinión

Expressing your point of view

Write your opinion about the following statements.

1. Los padres tienen que hacer todas las tareas domésticas.
   Creo que es más importante alentar a los hijos a ser independientes.
2. Los padres siempre tienen que premiar a los niños cuando se portan bien.
   ____
3. Los abuelos tienen que vivir siempre con los hijos y los nietos.
   ____
4. No se debe regañar a los niños, porque de adultos tienen complejos.
   ____
5. Para los adolescentes los amigos son tan importantes como la familia.
   ____

2. ¿Cómo has cambiado?

Writing about yourself

Write sentences telling how you used to be and how you are now.

1. (comer / gustar) Antes comía muchos dulces, pero ahora ya no me gustan.
2. (burlarse / portarse bien) ______________________
3. (ir a los campamentos de verano / preferir viajar) ______________________

3. Una carta al director

Writing a letter

Your principal wrote this letter to your parents. On a separate sheet of paper, write a letter to the principal, telling why you don't agree with his or her description of your behavior.

Queridos Sr. y Sra. Wilson:

Tengo que decirles que su hijo es un niño muy travieso. En clase está todo el tiempo hablando con sus compañeros y se burla cuando alguno no sabe la lección. Casi nunca hace las tareas y en el patio se pelea con los estudiantes de otras clases.

No cumple las reglas de la escuela y sus notas son malísimas. Si no se porta bien y no mejora las notas, va a tener que cambiar de grupo.

Atentamente,

El director

4. Otras fronteras

Reading comprehension

Based on what you have read, complete the following sentences.

1. Según la canción "Hablemos el mismo idioma" de Gloria Estefan, ______________ es lo que une a todos los latinos de Estados Unidos.
2. Eva Duarte de Perón tuvo gran influencia en la política de ______________.
3. El escultor Francisco Zúñiga es famoso por sus esculturas de ______________.
4. La obra de Zúñiga refleja el arte indígena de ______________ y de ______________.
5. ¿Conoces a otra mujer latinoamericana que haya influido en la política de su país? ¿Qué hizo?

____

____

NOMBRE ______________________ FECHA __________

RESUMEN

1. Organizando lo que has aprendido

Summarizing what you have learned

Fill in the graphic organizer with words and expressions related to your childhood.

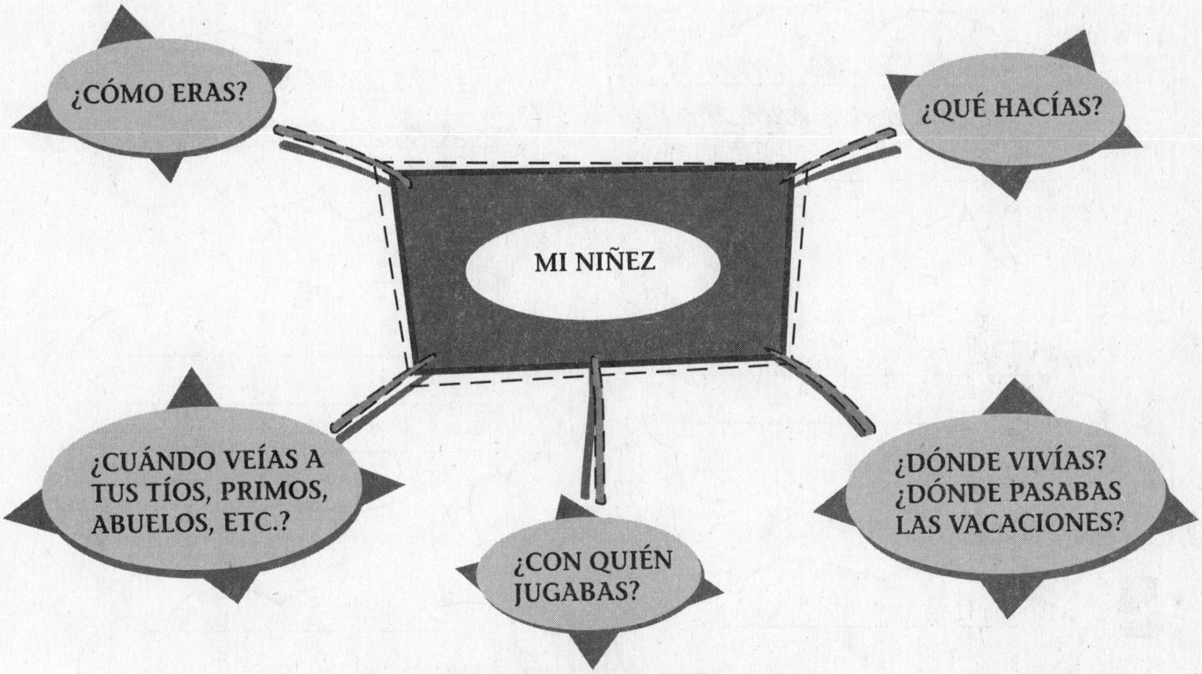

¿CÓMO ERAS?
¿QUÉ HACÍAS?
MI NIÑEZ
¿CUÁNDO VEÍAS A TUS TÍOS, PRIMOS, ABUELOS, ETC.?
¿DÓNDE VIVÍAS? ¿DÓNDE PASABAS LAS VACACIONES?
¿CON QUIÉN JUGABAS?

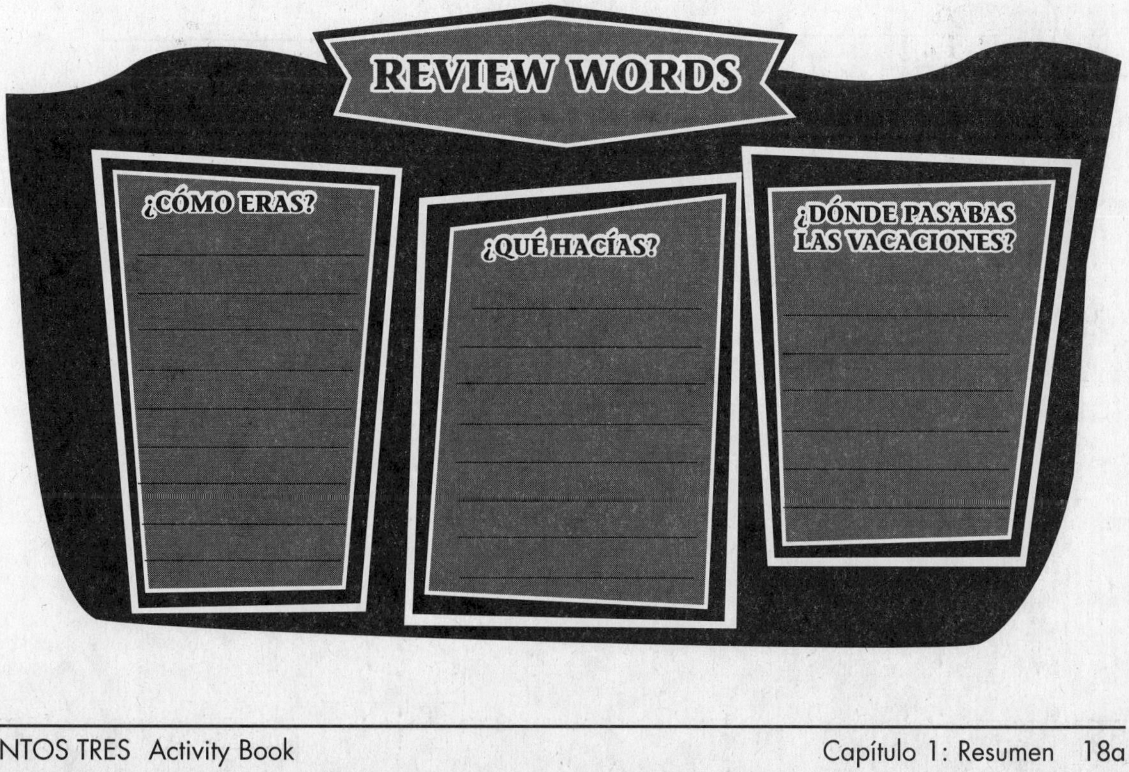

REVIEW WORDS
¿CÓMO ERAS?
¿QUÉ HACÍAS?
¿DÓNDE PASABAS LAS VACACIONES?

NOMBRE______________________________ FECHA__________

2. Problemas y consejos

Summarizing what you have read

Based on *Correo confidencial*, write on the left some of the problems mentioned in the letters; then write the corresponding advice on the right.

Todos les prestan más atención a mis hermanas.
No te sientas rechachazada.

NOMBRE ______________________________ FECHA __________

¿QUÉ APRENDISTE?

1. La vida familiar

Self-test: character traits and household chores

Write a sentence describing each person.

1. Mi papá habla sin parar. Él es hablador.
2. Mi abuela se enoja fácilmente. ______________________
3. Jorge nunca quiere hacer nada. ______________________

Now complete each sentence with a household chore, using the appropriate verb form.

4. Hoy por la mañana, después de levantarme ______________________.
5. Nosotros ______________________ ayer porque pasó el camión recolector.
6. Mi primo ______________________ para que su papá se lo prestara para llevar a su novia a pasear.

2. ¿Qué hacíamos? ¿Qué hiciste?

Self-test: practicing the imperfect and the preterite

Complete each sentence with the appropriate form of the verb.

1. Cuando vivían en California, mis primas ____________ a la playa.
2. Ayer estaba tan cansado, que me ____________ en clase.
3. Nuestro equipo de fútbol ____________ todos los partidos el año pasado.
4. Cuando éramos niños ____________ en el lago.
5. Ustedes ____________ que ensayar mucho para que la obra saliera bien.
6. Cuando yo hacía travesuras, mis padres ____________.
7. Los padres de Elsa la ____________ porque ____________ mucha televisión.
8. Mis padres nos ____________ muchos regalos a su regreso de España.

NOMBRE ______________________ FECHA __________

3. Tu niñez

Self-test: applying what you have learned

Write a dialog about what childhood was like. Then practice the dialog with your partner.

¿Cómo eras de niño?

A. Ask your partner what he/she was like as a child.

B. Respond. Ask the same question.

A. Respond. Ask your partner how he/she used to get along with his/her family.

B. Respond. Ask your partner if his/her parents ever scolded him/her, and if so, why.

A. Respond. Ask him/her what household chores he/she liked to do.

B. Respond.

NOMBRE ____ FECHA ____________

CAPÍTULO 1, GUÍA DE VIAJES

Conozcamos México

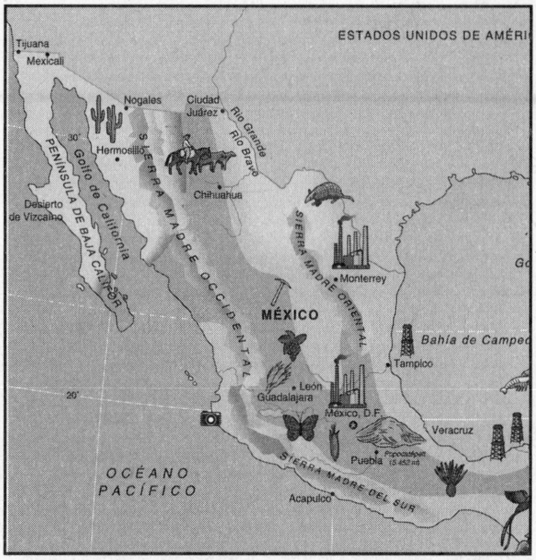

1. Datos sobre México

Reading comprehension

A. Answer the following questions about Mexico.

1. ¿Cuál es el nombre oficial de México?

____

____

2. ¿Cómo es la geografía?

____

____

3. Además del español, ¿cuántas lenguas indígenas se hablan en México?

____

4. ¿Cuál es la moneda mexicana?

____

B. For each of the following cities, list a tourist attraction, a local dish, and an activity you can do there.

1. Ciudad de México

____

2. Guadalajara

____

3. Oaxaca

____

C. Write a short description of each of these Mexican celebrations.

1. El Día de los Muertos

____

2. Las Posadas

____

3. La Guelaguetza

____

NOMBRE________________________________ FECHA__________

4. Proyecto

Creating a tourism poster

You have been hired by the Mexican Department of Tourism to design a poster to promote tourism. Use information provided in the *Guía de viajes* or in any other source you can find. Remember to include the following:

- pictures of cities, landscapes, or people
- a catchy slogan
- other interesting information

Use the poster below as a model.

VIVA
MÉXICO
México, país de legendario pasado.
Descubre el sabor de México en su espléndida comida, su riqueza histórica, sus marcados contrastes.
Maravíllate con la solemnidad de sus templos; escala sus imponentes pirámides; explora sus lugares arqueológicos y revive su historia en sus magníficos museos.
Disfruta su presente en los sonidos de su música; en la elegancia de sus ciudades; en el colorido de sus mercados; en la variedad de sus restaurantes; en la animación de sus plazas y parques.
México es un lugar donde la mitología, la tradición, la cultura, la realidad y los misterios se funden en uno solo.
¡Una experiencia grandiosa!
Parque de Chapultepec
Una comida al aire libre
Pirámide antigua

NOMBRE____FECHA__________

CAPÍTULO 2, AMOR Y AMISTAD

CONVERSEMOS

¿Qué buscas en un(a) amigo(a)?

Using new vocabulary

Answer the questions below and compare your answers with those of your classmates. Then, on a separate sheet of paper, summarize your findings. You may want to use some of these words: *algunos, nadie, la mayoría* (the majority), *todo el mundo, estar / no estar de acuerdo* (to agree/disagree).

1 ¿Qué hacen los(as) buenos(as) amigos(as)?

	Sí	No
Desconfían el uno del otro.	❑	❑
No se ven con frecuencia.	❑	❑
Se ayudan.	❑	❑
Se comprenden.	❑	❑
Se cuentan secretos.	❑	❑
Se llaman por teléfono.	❑	❑
Se echan de menos.	❑	❑

2 De niño(a), ¿cómo era tu mejor amigo?

	Sí	No
celoso(a)	❑	❑
chismoso(a)	❑	❑
comprensivo(a)	❑	❑
comunicativo(a)	❑	❑
considerado(a)	❑	❑
entusiasta	❑	❑
entrometido(a)	❑	❑
generoso(a)	❑	❑
honesto(a)	❑	❑
sincero(a)	❑	❑
tímido(a)	❑	❑

3 ¿Te molesta cuando tus amigos...

	Sí	No
te ignoran?	❑	❑
cuentan tus secretos a los demás?	❑	❑
te ocultan cosas?	❑	❑
te hacen hacer cosas que no quieres?	❑	❑
toman bebidas alcohólicas?	❑	❑
tienen celos?	❑	❑

4 ¿Por qué terminaste con algunas de tus amistades?

______No nos apoyábamos.
______Ya no nos queríamos más.
______No teníamos mucho en común.
______Tenía celos.

5 ¿Por qué rompiste con tu novio(a)?

Coqueteaba con otros(as).
Discutíamos mucho.
Empecé a salir con otro(a).
Me ignoraba.
Me mentía.
No me llamaba por teléfono.

6 ¿Reaccionas así cuando te peleas con un(a) amigo(a)?

	Nunca	A veces	Siempre
Grito.	❑	❑	❑
Le digo que no quiero verlo(a) más.	❑	❑	❑
Lloro.	❑	❑	❑
Lo/La llamo para reconciliarnos.	❑	❑	❑
Me pongo furioso(a).	❑	❑	❑
Me pongo triste.	❑	❑	❑

7 ¿Qué hiciste la última vez que te reconciliaste con tu amigo(a)?

	Sí	No
Lo/La abracé.	❑	❑
Lo/La besé.	❑	❑
Le di la mano.	❑	❑
Le pedí perdón.	❑	❑

NOMBRE______________________________________FECHA__________

REALIDADES

1. ¿Qué importancia tiene la amistad para ti?

Reading comprehension

Answer the questions based on what you have read.

1. ¿Qué dice el joven colombiano sobre la amistad?

____

2. ¿Cómo trata el joven colombiano a sus amigos?

____

3. Según el/la costarricense, ¿qué se puede hacer después de una larga caminata?

____

4. ¿Qué dice el dicho chileno sobre la amistad?

____

5. ¿Cuál es un buen lugar para pasear con un(a) amigo(a) en Puerto Rico?

____

6. Según los jóvenes de Buenos Aires, ¿cómo debe ser un(a) buen(a) amigo(a)?

____

2. Los jóvenes hispanos y la amistad

Applying your thinking skills

Circle the answer that best completes each sentence.

1. En los países de habla hispana es común que los amigos de confianza se llamen...

a. mi hijo **b.** tíos **c.** hermanos

2. Los jóvenes hispanos se reúnen a menudo en lugares públicos como la plaza, el parque y...

a. la escuela **b.** la biblioteca **c.** el café

3. El sesenta y cuatro por ciento de los jóvenes argentinos dice que es importante que un amigo sea...

a. respetuoso **b.** divertido **c.** solidario

4. Los jóvenes costarricenses piensan que... es un lugar perfecto para pasarla bien.

a. el parque **b.** el café **c.** la playa

NOMBRE________________________________ FECHA__________

PALABRAS EN ACCIÓN: VOCABULARIO

1. Buscando amigos

Practicing vocabulary: personal qualities

Answer one of the personal ads. Describe yourself and tell what activities you like and dislike. Then tell what you are looking for in a friend.

Jorge Martínez	Paola Losada
16 años	17 años
Yo soy generoso y divertido. Me gusta ir al cine, jugar al fútbol y leer. No me gusta bailar. Busco una amiga comprensiva y divertida.	Yo soy honesta y considerada. Me gusta sacar fotos, salir con mis amigos y jugar al tenis. No me gusta ir de compras. Busco un amigo sensible, respetuoso, sincero y ¡guapísimo!

Nombre: ______________________________

Edad: ______________________________

1. Yo soy ______________________________

____

2. Me gusta ______________________________

____

3. No me gusta ______________________________

____

4. Busco un(a) amigo(a) ______________________________

____

NOMBRE ______________________ FECHA __________

2. ¿Cómo se llevan estas personas?

Practicing vocabulary: how friends get along

Read the exchanges between these friends. Then write a sentence about how each pair gets along, using one of the phrases below.

apoyarse	echarse de menos
comprenderse	no tener mucho en común
contarse secretos	ser independientes
desconfiar el uno del otro	verse con frecuencia

1. **Rosa:** Me da miedo pedirle permiso a mis padres para ir a la fiesta.
   Inés: No te preocupes, yo te acompaño a hablar con ellos.
   Mariana y Rosa se apoyan.

2. **Armando:** ¿Te molesta si voy al cine con mi amiga?
   Carolina: No. Yo voy a ir a comer helados con mi vecino.
   ____

3. **Jorge:** ¡Qué bueno que ya vuelves la próxima semana!
   Felipe: Sí, estoy contento porque te voy a ver nuevamente.
   ____

4. **Gabriela:** Disculpa, pero no te puedo dar el dinero sin un recibo.
   Gonzalo: Bueno, pero antes debo revisar si el dinero no es falso.
   ____

5. **Carlota:** Yo adoro los deportes, las fiestas y la aventura.
   Antonio: Yo no. Prefiero leer, estar solo y meditar.
   ____

6. **Victoria:** Sólo tú entiendes lo que me pasa.
   Juanita: Sí. Es muy fácil para mí compartir cosas contigo.
   ____

7. **Julio:** Estoy saliendo con Olga, pero no se lo digas a nadie.
   Tomás: Me alegra mucho. Yo también quiero decirte algo muy privado…
   ____

8. **Marcos:** ¿Nos vemos mañana otra vez?
   María: ¿No te parece que necesitamos un pequeño descanso?
   ____

NOMBRE ______________________________ FECHA __________

PARA COMUNICARNOS MEJOR: GRAMÁTICA

The preterite and the imperfect

- The preterite and the imperfect are both past tenses. However, each is used differently.

Use the preterite to talk about:
• Completed actions in the past, especially if the beginning or the end of the activity is given. • An action that changed or interrupted a situation.

Use the imperfect to talk about:
• Actions in the past which were on going when another action occurred. • Physical or emotional descriptions. • References to time and age.

1. Cuando era niño

Practicing the preterite and the imperfect

Answer the following questions, using either the preterite or the imperfect.

1. ¿Cuál era tu espectáculo favorito? ______________________________

2. ¿Quién era tu mejor amigo(a)? ______________________________

3. ¿Cuál fue tu mejor cumpleaños? ______________________________

4. ¿Fuiste alguna vez de viaje? ______________________________

5. ¿Tenías muchos juguetes? ______________________________

6. ¿Querías ser jugador de fútbol? ______________________________

2. Vamos al mar

Practicing the preterite and the imperfect

Complete the paragraph, using either the preterite or the imperfect.

Me acuerdo cuando (ir) _________ al mar por primera vez. Mi familia (ir) _________ siempre a la casa de mis abuelos para las vacaciones. Pero cuando (cumplir) _________ seis años, decidimos ir al mar. Los viajes largos en coche (ser) _________ siempre difíciles. (ser) _________ cuatro chicos y nos peleábamos siempre. (hacer) _________ muchísimo calor en el coche y no (tener) _________ aire acondicionado. Por fin, después de varias horas de viaje, me (dormir) _________. Cuando me desperté (ver) _________ algo increíble. (ser) __________ algo inmenso y de color azul.

NOMBRE ______________________ FECHA __________

3. ¿Qué hacías cuando eras niño(a)?

Practicing the preterite and the imperfect

Describe what the people below did or used to do when they were children. Use the imperfect or the preterite as appropriate.

1. Cuando era niña, ______________
____

2. Una vez, ______________________
____

3. Cuando éramos niños, _______
____

4. Cuando eras pequeña, _______
____

5. Una vez, ______________________
____

6. Cuando era niña, ____________
____

NOMBRE____ FECHA______________

PARA COMUNICARNOS MEJOR: GRAMÁTICA

Direct object pronouns

- Below are all the Spanish direct object pronouns and their English equivalents.

DIRECT OBJECT PRONOUNS			
SINGULAR		PLURAL	
Spanish	**English**	**Spanish**	**English**
me	me	nos	us
te	you *(informal)*	os	you *(informal, pl., in Spain)*
lo	him, it, you *(formal, masc.)*	los	them *(masc.)*, you *(masc., pl.)*
la	her, it, you *(formal, fem.)*	las	them *(fem.)*, you *(fem., pl.)*

1. ¿Sí o no?

Practicing direct object pronouns

Answer the following questions, using the correct direct object pronouns.

1. ¿Conoces a la novia de tu mejor amigo? Sí, la conozco.
2. ¿Me invitas a tu fiesta de cumpleaños?______________________
3. ¿Se llaman por teléfono tus amigos y tú?______________________
4. ¿Vas a visitar a tu mejor amiga el lunes? ______________________
5. ¿Te invitan a sus fiestas tus amigos? ______________________
6. Y tú, ¿los invitas a ellos?______________________

2. Amigos

Practicing direct object pronouns

Complete these sentences, using the correct direct object pronouns.

1. (al amigo de mi amigo) _________ puedes conocer en una fiesta.
2. (a tus amigas) _________ quiero invitar a mi fiesta de cumpleaños.
3. (a mí) Mis amigos siempre _________ ayudan.
4. (a sus padres) _________ conocí en la fiesta de graduación.
5. (tu gato) Estamos todos buscándo _____ .
6. (a ti) _________ vi con tus amigos.

NOMBRE______________________________________ FECHA______________

3. ¿Lo conoces?

Practicing direct object pronouns

Complete the dialog, using the correct direct object pronouns.

Elena: ¿Ayer encontré a Gloria?

Pablo: ¿Dónde ______ encontraste?

Elena: ______ encontré en un concierto, iba con José. ¿______ conoces?

Pablo: No. Todos ______ han dicho que es muy sincero y considerado.

Elena: También es muy simpático. ______ presentaré a José en la fiesta del sábado.

Pablo: ¿Cuál fiesta?

Elena: ______ del cumpleaños de Susi. Es una fiesta sorpresa.

Pablo: ¿Por qué no ______ llamaste por teléfono?

Elena: ______ siento. Pensé que sí ______ hice.

Pablo: Está bien, no ______ preocupes.

Elena: ¿Sabes que hemos invitado a los otros chicos?

Pablo: ¿Cuáles chicos?

Elena: ______ del equipo de fútbol.

Pablo: ¿Invitaron también a las chicas de la clase?

Elena: Sí, nosotros también ______ invitamos, pero ______ han dicho que llegarán tarde.

Pablo: Creo que será una fiesta divertida.

NOMBRE ______________________________ FECHA __________

PARA COMUNICARNOS MEJOR: GRAMÁTICA

Reciprocal actions

- Use the pronouns ***se*** and ***nos*** with certain verbs to tell what people do for one another. In the case of an infinitive, you may place the pronouns either before the conjugated verb or attached to the infinitive.

1. Relaciones

Practicing reciprocal actions

Write sentences using the correct pronouns, forms of the verbs in parentheses, and words or expressions below.

con las tareas	cartas muy largas	maravillosamente
cuando éramos niños	el 12 de febrero	sus secretos

1. (ellas / escribirse) Ellas escriben cartas muy largas.

2. (ellos / comprenderse) ______________________________

3. (ustedes / contarse) ______________________________

4. (tú y yo / ayudarse) ______________________________

5. (Lupita y Juan / casarse) ______________________________

6. (nosotros / conocerse) ______________________________

2. Cosas de amigos

Practicing reciprocal actions

Answer the questions.

1. ¿Se llaman tú y tu mejor amigo por las tardes?

____

2. ¿Se ve tu hermano con sus amigos los sábados?

____

3. ¿Se respetan tú y tus amigos?

____

4. ¿Se hablan cuando están enojados?

____

5. ¿Se cuentan los secretos tu hermana y sus amigas?

____

6. ¿Nos peleamos yo y mi amigo?

____

3. Nos queremos

Practicing reciprocal actions

Complete Alberto's letter, using the appropriate verbs from the box and the correct pronouns.

ayudarse	llamarse
contarse	quererse
echarse de menos	reconciliarse
escribirse	verse

Querida Teresa:

Miriam y yo ______________ *todos los fines de semana y cuando estamos lejos uno del otro* ______________ *de menos. La semana pasada* ______________ *todos los días por teléfono. Ella y yo* ______________ *mucho.*

Durante la semana, ella y sus amigas ______________ *a hacer la tarea y* ______________ *muchos chistes. A veces* ______________ *pero luego* ______________*. Escríbeme una postal. ¡Hasta pronto!*

Alberto

Now write a paragraph about how you get along—or do not get along—with someone.

____

____

____

____

____

____

NOMBRE________________ FECHA________

ADELANTE

1. El amor y la amistad en la poesía

Reading comprehension

Answer the following questions about the poems on love and friendship in your textbook.

1. ¿Por qué es importante leer la poesía en voz alta?________________

2. ¿Qué sentimientos expresa la poesía? ________________

3. ¿Qué poemas te gustaron más? ¿Por qué? ________________

4. ¿Qué poemas te gustaron menos? ¿Por qué?________________

5. ¿Qué imágenes te gustaron más? ________________

2. Poemas de amistad

Applying your thinking skills

Think of a poem or a song about love or friendship and write a paragraph that describes it.

NOMBRE ____________________ FECHA __________

TALLER DE ESCRITORES

Mi diario

Writing a journal entry

Write an entry in your journal about what makes your best friend so special to you.

NOMBRE______________________________ FECHA__________

REPASO

1. Mis amigos

Reviewing vocabulary: personal qualities

List the qualities that a friend should have in order of importance to you.

Un(a) amigo(a) debe ser...

divertido(a)

2. ¿Cómo deben ser los novios?

Reviewing vocabulary: personal qualities

List the qualities that a boyfriend or girlfriend should have in order of importance to you.

Un(a) novio(a) debe...

ser considerado(a)

Un(a) novio(a) no debe...

3. ¿Cuál es la diferencia?

Critical thinking

Compare the qualities you look for in a friend and in a boyfriend or girlfriend. Write sentences telling if and how they are different.

Un amigo debe ser más comprensivo que un novio á...

NOMBRE ______________________________ FECHA __________

4. Relaciones personales

Reviewing what you have learned

Answer the following questions.

1. ¿Cómo fue tu primera cita? ______________________________

____

2. ¿Qué pasó la primera vez que saliste con tu mejor amigo(a)? __________

____

3. ¿Qué haces si un(a) amigo(a) cancela una cita? ______________________________

____

4. ¿Qué haces cuando te peleas con un(a) amigo(a)? ______________________________

____

5. ¿Qué hacen los/las amigos(as) cuando se encuentran en un café? ______

____

5. Otras fronteras

Reading comprehension

Complete the following sentences.

1. El instrumento musical que más vida da al tango es ______________.

2. Carlos Gardel y Libertad Lamarque están entre los grandes

______________.

3. Muchos tangos hablan de las penurias de ______________ en la gran ciudad.

4. Otro nombre con el que se conoce a Puerto Rico es ______________.

5. En Cataluña, el día 23 de abril, los amigos y los novios se regalan

______________.

6. La tradición del día de la rosa recuerda ______________ de San Jorge.

NOMBRE______________________________________ FECHA____________

RESUMEN

1. Organizando lo que has aprendido

Summarizing what you have learned

Fill in the graphic organizer with words and expressions about your friends.

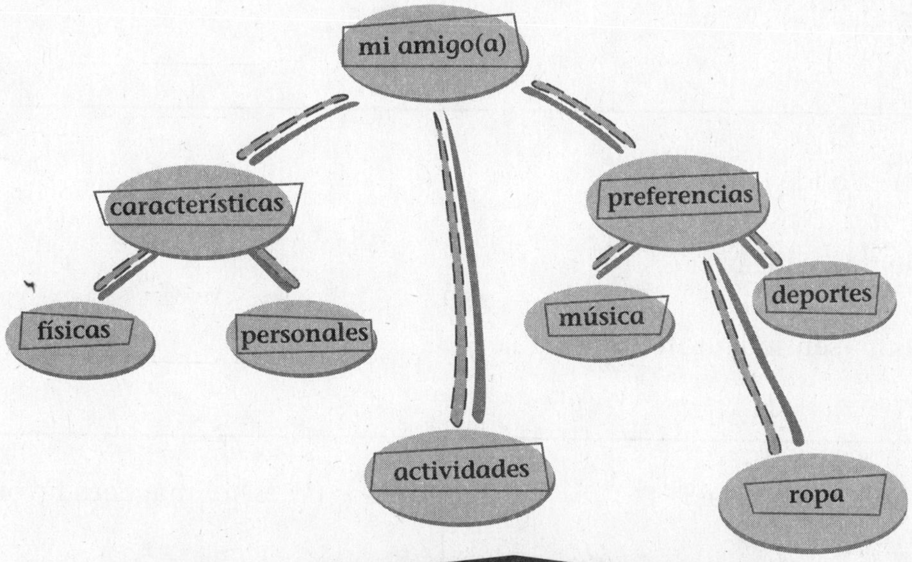

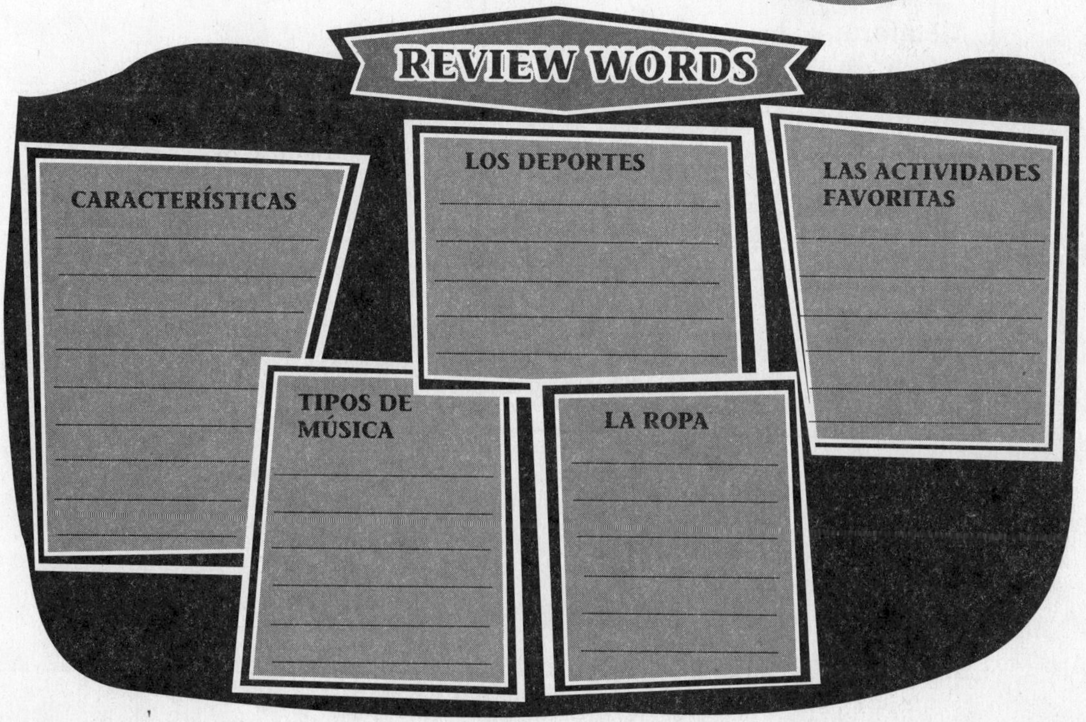

NOMBRE ______________________________ FECHA __________

2. Análisis de un poema

Reviewing what you have learned

Analyze one of the poems that you have read. Be sure to list any figures of speech you can find (metaphors, similes, personification). Do you remember these terms from your English class? If not, look them up in the dictionary.

Título: Autor:	
Tema o idea principal: Tiempo y lugar: Tono (sentimiento):	
Figuras literarias: Métafora: Símil: Personificación:	Versos (*lines*) o imágenes favoritas:
Número de estrofas (*stanzas*): Número de versos: Versos que riman:	Vocabulario especial:

NOMBRE ______________________________ FECHA __________

¿QUÉ APRENDISTE?

1. Tus amigos y tú

Self-test: personal qualities, how friends get along

Describe four of your friends, telling what you like and do not like about them.

1. ______________________________
2. ______________________________
3. ______________________________
4. ______________________________

2. Ya todo pasó

Self-test: the preterite and the imperfect

Complete the paragraph, using either the preterite or the imperfect of the verbs in parentheses.

La semana pasada (ser) __________ muy difícil. Luisa (pelearse) __________ con Fernando porque ella (estar) __________ celosa. Javier y yo (terminar) __________ la amistad porque nosotros (ser) __________ muy distintos y no (tener) __________ mucho en común. Yo (pelearse) __________ con mi novia porque (coquetear) __________ con otros. El fin de semana (reconciliarse) __________ todos.

3. ¿Cómo nos relacionamos?

Self-test: reciprocal actions and direct object pronouns

Complete each sentence with the correct pronoun or form of the verb.

1. Carlos y Rosaura (quererse) __________ mucho. Él ______ conoció en una fiesta.
2. Dices que tú y yo (contarse) __________ los secretos, pero tú no __________ cuentas todos.
3. Como usted no (respetarse) __________, nadie ________ respeta a ustedes.
4. Mi amigo y yo (comprenderse) __________ perfectamente. Yo ______ conozco muy bien.

NOMBRE ______________________ FECHA __________

4. La amistad

Self-test: applying what you have learned

Write a dialog about friendship. Then practice the dialog with your partner.

¿Qué hacen los buenos amigos?

A. Ask your partner what good friends do.

B. Respond. Ask what good friends do not do.

A. Respond. Ask what he/she likes about his/her friends.

B. Respond. Ask the same question.

A. Respond. Ask your partner what he/she does when he/she fights with a friend.

B. Respond.

NOMBRE ______________________________________ FECHA __________

CAPÍTULO 2, GUÍA DE VIAJES

Conozcamos Puerto Rico

1. Datos sobre Puerto Rico

Reading comprehension

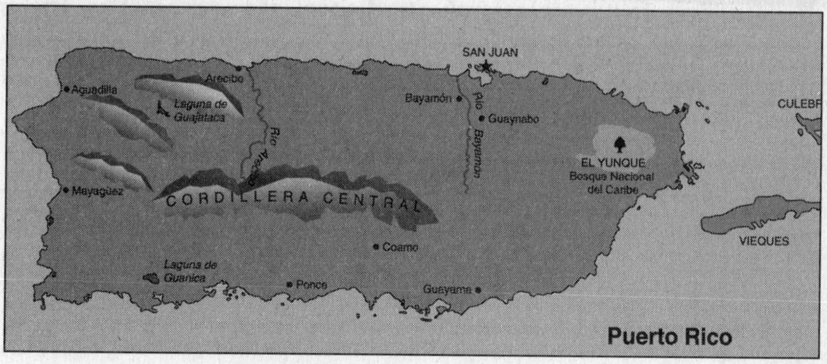

A. Answer the following questions about Puerto Rico.

1. ¿Cuál es la capital?

____

2. ¿Cuáles son las principales ciudades?

____

3. ¿Cómo es el clima?

____

4. ¿Qué es El Yunque?

____

B. List one tourist attraction, one local dish, and one activity you can do in each of the following regions.

1. La región oeste

____

____

2. La región sur

____

____

C. Describe these Puerto Rican souvenirs.

1. Maracas

____

2. Guayabera

____

NOMBRE ______________________________ FECHA __________

2. Proyecto

Creating a travel itinerary

You are a travel agent and are arranging a week-long trip to Puerto Rico for a group of students. Based on the information provided in the *Guía de Viajes*, develop an itinerary for each day. Decide:

- the means of transportation
- what cities the group is going to visit
- what places they will see
- what activities they will do
- what they will eat

PLAN DE VIAJE

Lunes: ______________________________

____

____

Martes: ______________________________

____

____

Miércoles: ______________________________

____

____

Jueves: ______________________________

____

____

Viernes: ______________________________

____

____

Sábado: ______________________________

____

____

Domingo: ______________________________

____

____

NOMBRE ______________________________ FECHA __________

CAPÍTULO 3, ¡A VIAJAR!

CONVERSEMOS

Las vacaciones de tus sueños

Using new vocabulary

Answer the questions below and compare your answers with those of your classmates. Then, on a separate sheet of paper, summarize your findings. You may want to use some of these words: *algunos, nadie, la mayoría* (the majority), *todo el mundo, estar / no estar de acuerdo.*

1 ¿Qué parte(s) de Estados Unidos te gustaría conocer?

	Sí	No	Ya la/los conozco
la costa este	❑	❑	❑
la costa oeste	❑	❑	❑
los estados centrales	❑	❑	❑
los estados del sur	❑	❑	❑
los estados del norte	❑	❑	❑

2 ¿Has soñado alguna vez con viajar al extranjero? Indica tu preferencia (1 a 8).

_____ África
_____ América Central
_____ América del Sur
_____ Asia
_____ Australia
_____ Europa
_____ las islas del Caribe
_____ el Oriente Medio

3 ¿Dónde te gustaría quedarte?

	Sí	Tal vez	No
en un albergue juvenil	❑	❑	❑
en un hotel barato	❑	❑	❑
en un hotel de lujo	❑	❑	❑
en un parador	❑	❑	❑
en una pensión	❑	❑	❑
en una posada	❑	❑	❑

4 ¿Qué harás durante tus vacaciones?

	Seguro	Tal vez	Nunca
Acamparé.	❑	❑	❑
Iré a pescar.	❑	❑	❑
Nadaré.	❑	❑	❑
Navegaré los rápidos.	❑	❑	❑
Sacaré fotos.	❑	❑	❑
Visitaré zonas arqueológicas.	❑	❑	❑
Haré alpinismo.	❑	❑	❑
caminatas.	❑	❑	❑
ciclismo.	❑	❑	❑
ecoturismo.	❑	❑	❑
paracaidismo.	❑	❑	❑

5 Tus amigos(as) van de viaje a Colorado. ¿Qué consejos les das?

	Sí	No
¡Ahorren dinero!	❑	❑
¡Compren cheques de viajero!	❑	❑
¡Compren un equipo de bucear!	❑	❑
¡Averigüen si hay tarifas estudiantiles!	❑	❑
¡Lean libros y guías de viaje!	❑	❑
¡Saquen el pasaporte!	❑	❑

NOMBRE________________________________ FECHA____________

REALIDADES

1. Vamos de vacaciones

Reading comprehension

Answer the questions based on what you have read.

1. ¿Adónde puedes ir si te gusta la naturaleza?

____

2. ¿Dónde puedes encontrar ruinas arqueológicas en México?

____

____

3. ¿Qué refrán es muy común en Latinoamérica?

____

4. ¿Qué puedes hacer en las playas de Puerto Rico?

____

5. ¿Dónde pasan el verano la mayoría de los jóvenes uruguayos?

____

6. ¿Por qué no tiene vacaciones la mayoría de los jóvenes uruguayos?

____

2. Conociendo otros países

Applying your thinking skills

Circle the answer that best completes each sentence.

1. Costa Rica es un país famoso por sus...

a. grandes autopistas **b.** reservas ecológicas **c.** equipos de fútbol

2. En las ruinas del Templo Mayor encuentras ejemplos de la cultura...

a. romana **b.** española **c.** precolombina

3. El 6% de los jóvenes uruguayos pasa las vacaciones...

a. en el extranjero **b.** en la montaña **c.** en Brasil

4. El 31% de los jóvenes uruguayos no tuvo vacaciones porque...

a. no tenía dinero **b.** tuvo que estudiar **c.** prefirió trabajar

NOMBRE____FECHA__________

PALABRAS EN ACCIÓN: VOCABULARIO

1. ¿Dónde están?

Practicing vocabulary: regions of the US and the world

Write in which region of the US each group of states is located.

1. California, Oregón, Washington: ______________________________

2. Massachusetts, Nueva York, Carolina del Sur: ____________________

3. Nebraska, Kansas, Colorado: ______________________________

4. Texas, Louisiana, Arizona: ________________________________

Write in which region of the world each group of countries is located.

1. Argentina, Brasil, Perú: ______________________________

2. Cuba, Jamaica, Haití: ________________________________

3. China, Japón, India: ________________________________

4. Alemania, España, Rumanía: ____________________________

2. ¿Qué planes tienes para tus vacaciones?

Practicing vocabulary: vacation plans

Complete the following sentences about what you will do during your vacation.

1. Quiero saber más sobre el pasado. Visitaré __________________

2. No tengo mucho dinero. Me quedaré en __________________

3. Me encantan los deportes de aventura. Navegaré __________________

4. Hay que proteger la naturaleza. Haré __________________

5. Me gusta mucho la naturaleza. Haré __________________

6. Quiero estar con otros jóvenes. Me quedaré en __________________

NOMBRE______________________________________FECHA____________

3. De viaje
Practicing vocabulary: travel activities

Complete the crossword puzzle, using the clues below.

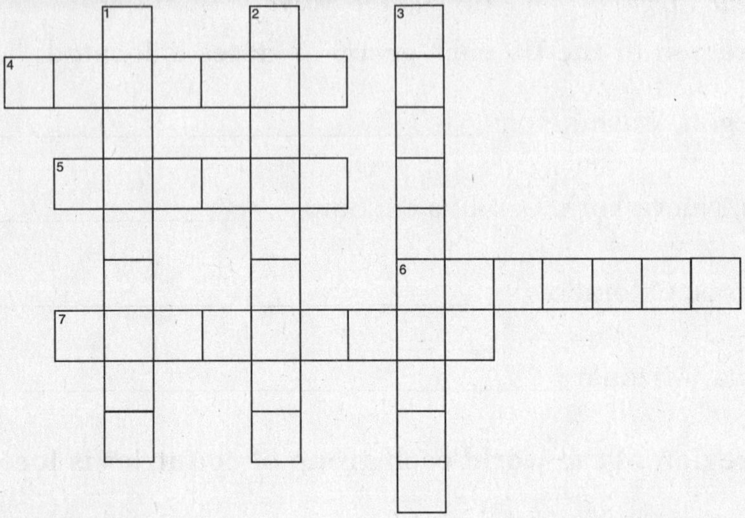

Horizontales

4. Si vas de vacaciones, ¡no olvides hacer las ______ !

5. A mi padre le gusta ______ en el río.

6. Si vas de vacaciones a Costa Rica, puedes navegar los ______.

7. ______ es un continente que también es una isla muy grande.

Verticales

1. Si quieres ahorrar dinero, puedes quedarte en los ______ juveniles.

2. Si viajas al extranjero, primero debes sacar el ______ .

3. Hacer ______ es una buena forma de proteger el medio ambiente.

4. Preparándose para las vacaciones
Practicing vocabulary: travel and vacation activities

Complete the sentences with the words or expressions below.

América Central	estados del norte	Oriente Medio	cheques de viajero
cambiar dinero	hice reservas	parador	islas del Caribe

1. El próximo verano visitaré los ____________________ con mis padres y nos quedaremos en una ____________________.

2. Si vas de vacaciones a las ____________________ , necesitas comprar ____________________.

3. Mi hermano ahorrará dinero para ir a ____________________.

4. Si van al ____________________ de vacaciones, primero deben ____________________.

5. Hoy ____________________ para quedarme en un parador.

NOMBRE________________________________ FECHA__________

PARA COMUNICARNOS MEJOR: GRAMÁTICA

The future tense

- To talk about future actions and events, use the future tense.

hablaré	hablaremos
hablarás	hablará
hablaréis	hablarán

1. Iré de vacaciones a...

Practicing the future tense

Answer the following questions, using the future tense.

1. ¿Adónde irás de vacaciones este verano? ____________________

____

2. ¿Con quién irás? ____________________

3. ¿Qué harán allí? ____________________

4. ¿Qué tendrán que hacer antes de salir? ____________________

____

2. Será fantástico

Practicing the future tense

Complete the paragraph with the future tense of the verbs provided.

El próximo invierno (ir) __________ dos semanas de vacaciones con mis compañeros de la escuela a las montañas de Colorado. Mi amiga Laura no (poder) ____________ ir porque (tener) ____________ que quedarse a estudiar. Para ir a Colorado, yo (alquilar) ______________ un coche, así (ser) ___________ más barato y divertido. Mis amigos y yo nos (quedar) __________________ en un albergue juvenil. Antes de ir, yo (tener) ____________ que hacer reservas porque probablemente (haber) __________ mucha gente. En Colorado, (salir) _______________ temprano del albergue, nos (poner) __________________ el equipo y (esquiar) __________________ todo el día. Por la tarde, ustedes (visitar) __________________ los pueblos de los alrededores y (comprar) __________________ postales y recuerdos. Luego (comer) _______________ todos juntos en algún restaurante.

NOMBRE ______________________________ FECHA ____________

3. ¿Qué harán durante las vacaciones?

Practicing the future tense

Use the future tense to tell what these people will do on vacation.

1. Mis amigas (montar) ________

____

2. Nosotros (ir) ______________

____

3. Tú (hacer)________________

____

4. Mi primo Julio (subir) ______

____

5. Yo (trabajar) ______________

____

6. Mis padres (tomar)__________

____

NOMBRE ______________________ FECHA __________

PARA COMUNICARNOS MEJOR: GRAMÁTICA

The present perfect

- To talk about things that you or others have done, use the present perfect tense.

he	hemos		hablado
has	habéis	+ past participle	comido
ha	han		compartido

1. ¿Qué han hecho?

Practicing the present perfect

Use the present perfect tense to ask questions that elicit the following answers.

1. No, no he esquiado nunca. ¿Has esquiado alguna vez?
2. Sí, hemos visitado Nueva York seis veces. ______________________
3. Marta nunca se ha quedado en una posada. ______________________
4. No, nunca he hecho paracaidismo. ______________________
5. Sí, mis amigos han estado una vez en Nicaragua. ______________________

2. ¡Vacaciones para todos!

Practicing the present perfect

Complete these sentences, using the present perfect tense.

1. Mis compañeros de clase (visitar) ______________ Teotihuacán.
2. Ustedes me (escribir) ______________ una postal desde Alaska.
3. ¡Yo ya (hacer) ______________ las maletas!
4. Mi padre (sacar) ______________ fotos muy bonitas de nuestro viaje.
5. Tú nunca (ir) ______________ en bote para pescar.
6. Mi hermana y yo (navegar) ______________ por el río San Juan.

NOMBRE ______________________________ FECHA __________

3. ¿Adónde han ido de vacaciones?

Practicing the present perfect

Use the present perfect to tell what these people did on their trip.

1. Álex y Marcos ______________ de vacaciones a la montaña.

1. Nosotros __________________ en un lago.

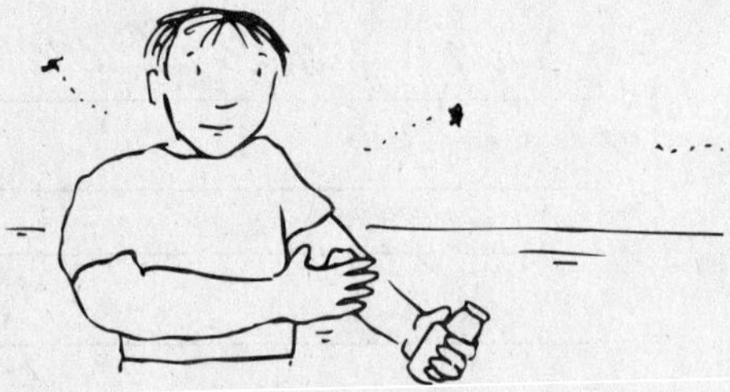

3. Marcos __________________ repelente de insectos.

4. Tú ________________ caminatas por el bosque.

5. Yo __________________ los rápidos.

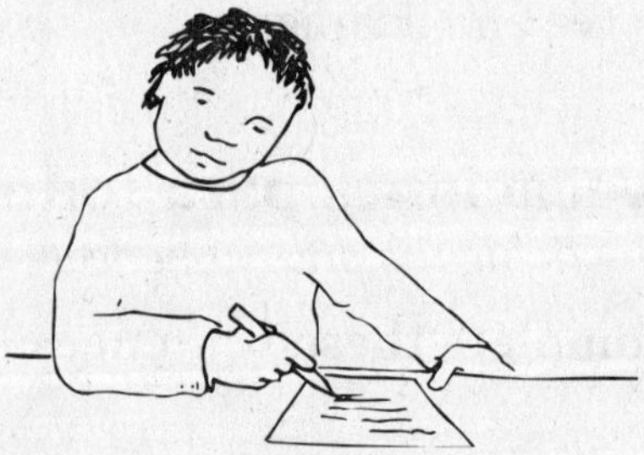

6. Álex __________________ una carta a su familia.

7. Ustedes __________________ animales exóticos.

8. Nosotros __________________ mucho.

NOMBRE________________________________ FECHA__________

PARA COMUNICARNOS MEJOR: GRAMÁTICA

Formal (*usted / ustedes)* commands

Regular Ud. / Uds. command forms
-ar verbs: stem of *yo* form + *-e*(*n*): ***hable***(***n***)
-er / *ir* verbs: stem of *yo* form + *-a*(*n*): ***coma***(***n***), ***comparta***(***n***)

Irregular Ud. / Uds. Command Forms		
dar: dé, den	**ir: vaya, vayan**	**saber: sepa, sepan**
estar: esté, estén	**ser: sea, sean**	**ver: vea, vean**

1. ¡Hagan las maletas!

Practicing formal commands

Rewrite the following sentences as commands.

1. Christian y Mauricio tienen que tomar el tren.

¡Tomen el tren!

2. El agente de viajes tiene que darte tu pasaporte.

____

3. Tus amigas tienen que llegar pronto al aeropuerto.

____

4. La señora Vives tiene que ir a visitar el Museo del Prado.

____

5. Esteban y Claudia tienen que subir a la pirámide.

____

2. Consejos para las vacaciones

Practicing formal commands

Tell these people whether or not they should do the following. Use direct object pronouns with the commands.

1. Sr. Díaz / hacer reservas para ir a Disneyland ______________

2. Pablo y Marta / tomar el avión ______________

3. el director de tu escuela / explorar la selva ______________

4. tus abuelos / subir una pirámide a pie ______________

NOMBRE____FECHA______________

3. ¡Suban al avión!

Practicing formal commands

Complete the sentences using the command form of the appropriate verbs.

abrocharse	apagar	fumar	poner	usar	utilizar

Medidas de seguridad

1. ________________ los cinturones de seguridad.

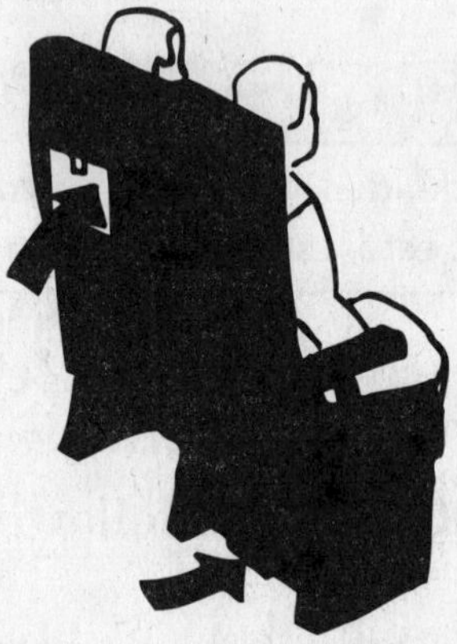

2. ________________ sus asientos en posición vertical.

3. ________________ su equipaje debajo del asiento o en los compartimientos de arriba.

4. ________________ todos los aparatos electrónicos.

5. No ________________

En caso de emergencia

6. ________________ la máscara de oxígeno.

7. ________________ el chaleco salvavidas.

NOMBRE____ FECHA__________

ADELANTE

1. Viajes y recuerdos

Reading comprehension

Write the names of three books written by Julio Cortázar.

____

____

____

2. Tipos de viajeros

Applying your thinking skills

List the characteristics of each traveler in Cortázar's stories.

FAMAS	CRONOPIOS	ESPERANZAS
____________	____________	____________
____________	____________	____________
____________	____________	____________
____________	____________	____________
____________	____________	____________

3. La alegoría

Applying what you have learned

Write what allegory is and how Cortázar's stories are examples of allegory

____

____

____

____

NOMBRE____FECHA__________

TALLER DE ESCRITORES

Una entrevista

Writing an interview

Using the questions below, interview somebody in your community whose job is related to travel. Then write a summary of what you learned about his or her profession.

Preguntas

1. ¿Qué tipo de trabajo hace?

2. ¿Qué estudios se necesitan para hacer ese trabajo?

3. ¿Cuáles son las ventajas y las desventajas de su trabajo?

4. ¿Viaja mucho por su trabajo?

5. ¿Cuál fue su mejor viaje? ¿Adónde fue?

6. ¿Cuál fue el peor? ¿Qué pasó?

____

____

____

____

____

____

____

____

____

____

____

____

____

NOMBRE ______________________________ FECHA ____________

REPASO

1. Las vacaciones de Sergio y la Sra. Díaz

Reviewing what you have learned

Complete the dialog, using the words and expressions from the box. Use each word or expression only once. Be sure to use the correct form of each verb.

acampar	descuentos	hacer alpinismo	mochila
ahorrar	dinero	hacer las reservas	poder
América del Sur	estados del norte	hotel de lujo	posada
	Europa	ir	quedarse
comprar	hacer	ir a pescar	visitar

Sergio: ¿Qué va a hacer estas vacaciones, Sra. Díaz?

Sra. Díaz: Iré a ____________________ , así ________________ practicar español.
¿Qué ______________ tú? ¿ ______________ España otra vez?

Sergio: No, este año no ________________ mucho ___________ y no podré ir a ______________. ________ con mi primo a visitar los ____________________.

Sra. Díaz: ¿ ____________________ con amigos o con parientes?

Sergio: No. ____________________ porque queremos ____________________ e ____________________.

Sra. Díaz: A mí me gustaría quedarme en un ____________________ , pero no tienen ____________________, así que me quedaré en una ____________________.

Sergio: ______________________ con tiempo y __________________ cheques de viajero.

Sra. Díaz: Y tú, prepara la ____________________.

2. Planeando las vacaciones

Reviewing the future tense

Use the future tense to write about what each person will do.

1. Tú / averiguar las tarifas ____

2. Tu padre / cambiar dinero ____

3. Tu abuelo / sacar el pasaporte ____

4. Tus hermanos / leer guías de viaje ______________________________________

3. Viajes

Reviewing the present perfect

Complete the sentences with the present perfect tense of the verbs provided.

1. Diana y yo (estar) ____________________ en Honduras muchas veces.
2. No (ir) ____________________ a El Salvador, pero me gustaría ir.
3. (escribir) ¿ ____________________ una postal a tus primos?
4. El barco ya (llegar) ____________________.

4. Consejos para el señor Estévez

Reviewing formal commands

Mr. Estévez is going on a trip. Tell him what to do before leaving. Use the command form.

1. comprar el pasaje ______________________________
2. hablar con el agente de viajes ______________________________
3. sacar el pasaporte ______________________________
4. leer libros y guías de viaje ______________________________
5. averiguar si hay tarifas especiales ______________________________

5. Otras fronteras

Reading comprehension

Based on what you have read, complete the following sentences.

Hace 600 años	pertenece a Panamá	felinos
chasquis	Ernesto Pujol	

1. Una parte del Parque Internacional La Amistad ____________________.
2. En el Parque Internacional La Amistad viven cinco tipos de ____________________.
3. ____________________, los incas construyeron caminos que hoy todavía usamos.
4. Los ____________________ mandaban mensajes desde Cuzco al resto del imperio inca.
5. *Maletas, café con leche, cunas, ropita* es una escultura del artista cubano ____________________.

NOMBRE____ FECHA____________

RESUMEN

1. Organizando lo que has aprendido

Summarizing what you have learned

Fill in the graphic organizer with words and expressions related to vacations.

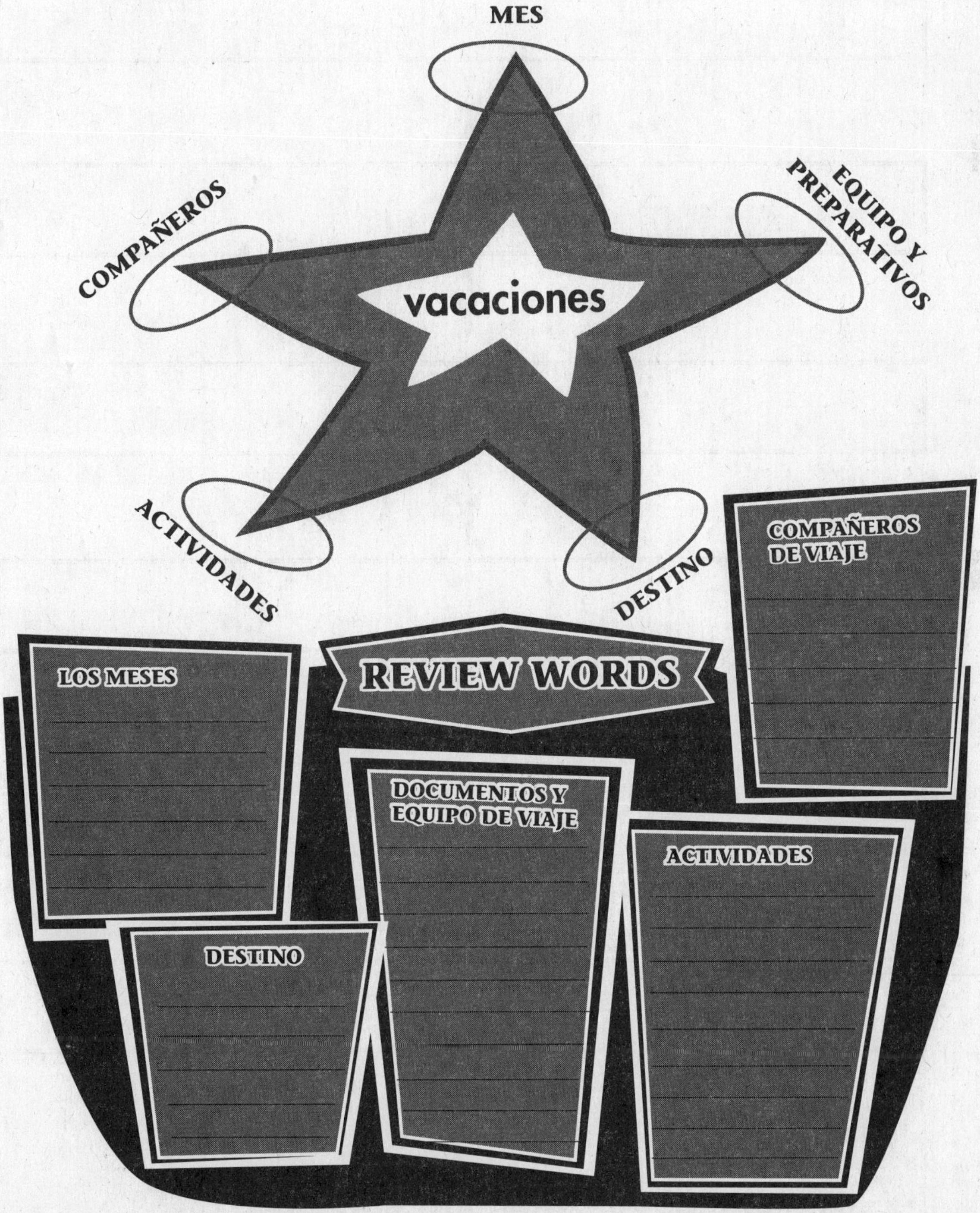

NOMBRE______________________________ FECHA__________

2. Secuencias

Writing a chronology of events

Choose one of the kinds of travelers that Cortázar describes in his stories. Then list the traveler's actions in the order in which they take place.

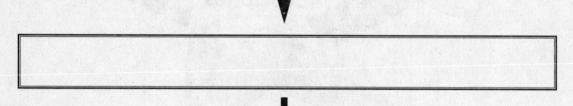

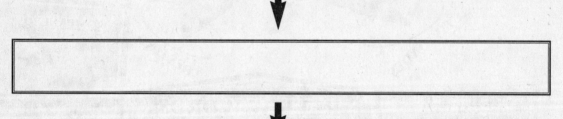

NOMBRE ______________________________ FECHA __________

¿QUÉ APRENDISTE?

1. De vacaciones

Self-test: travel activities

Imagine that you will take a trip to the following places. Write a sentence telling where you will stay and what you will do there.

1. América del Sur: ______________________
2. La costa oeste: ______________________
3. Europa: ______________________
4. Las islas del Caribe: ______________________

2. Consejos

Self-test: travel advice and formal commands

Give advice to the following people.

Someone who wants to take a trip

1. ______________________

Someone who will take a trip soon.

2. ______________________

Someone who is traveling tomorrow.

3. ______________________

3. ¿Qué has hecho en tus vacaciones? ¿Qué harás?

Self-test: the present perfect and future tenses

Write two sentences explaining what these people have done so far on their vacation and what they will do during the rest of the vacation.

1. ir a la playa / visitar a los abuelos
   Tú ______________________
2. trabajar en una tienda / viajar a Florida
   Rosalía ______________________
3. hacer deporte / aprender a navegar
   Nosotros ______________________
4. escribir una novela / buscar trabajo
   Yo ______________________
5. ver películas / acampar en las montañas
   Ustedes ______________________
6. terminar de pintar la casa / hacer una barbacoa
   Ellos ______________________

NOMBRE ______________________ FECHA __________

4. Los viajes y tú

Self-test: applying what you have learned

Write a dialog about travel. Then practice the dialog with your partner.

¿Qué lugares de Estados Unidos has visitado?

A. Ask your partner what places in the United States he/she has visited.

B. Respond. Ask your partner where he/she would like to travel and where he/she would like to stay.

A. Respond. Ask the same question.

B. Respond. Ask your partner what he/she will do during his/her vacation.

A. Respond. Ask your partner for advice before you go on a trip.

B. Respond.

NOMBRE____FECHA______________

CAPÍTULO 3, GUÍA DE VIAJES
Conozcamos España

1. Datos sobre España
Reading comprehension

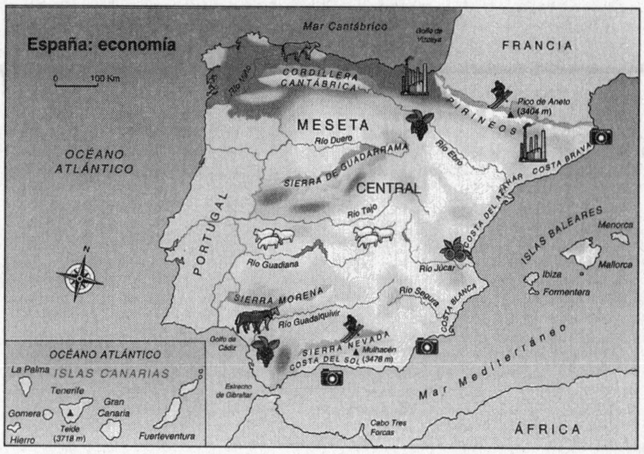

A. Answer the following questions about Spain.

1. ¿Con qué países tiene frontera?

____

____

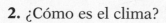

2. ¿Cómo es el clima?

____

3. ¿Con qué mares tiene costa?

____

4. Menciona las principales sierras o cordilleras de España.

____

B. Write where in Spain the following languages are spoken.

1. Español:______________________________

2. Gallego: ______________________________

3. Catalán: ______________________________

4. Vascuence: ______________________________

C. Tell what tourist attraction you can see, what local dish you can eat, and what activity you can do in each of the following cities.

1. Madrid

____

____

2. Barcelona

____

____

NOMBRE______________________________ FECHA__________

2. Proyecto

Designing a postcard

You are visiting Spain and you want to send a postcard to your family. Choose one city or region, design the front of the card, and write on the back what you have seen and done.

- You can use a single photo, a collage of photos, or a drawing of your own.
- For the back of the postcard, in addition to the note for your family, write a short caption describing the photos or drawings on the card.

Parte de adelante *(front)*

Parte de atrás *(back)*

NOMBRE________________________________ FECHA__________

CAPÍTULO 4, ¡SALUD Y EJERCICIO!

CONVERSEMOS

¿Qué te dijo tu médico?

Using new vocabulary

Answer the questions and complete the statements below. Compare your responses with those of your classmates. Then, on a separate sheet of paper, summarize your findings. You may want to use some of these words or expressions: *algunos, nadie, la mayoría, todo el mundo, estar / no estar de acuerdo, nunca, a veces, varias veces* (several times), *a menudo.*

1 ¿Te enfermas a menudo? ¿Qué síntomas tienes?

	Nunca	A veces	A menudo
alergias	❑	❑	❑
catarro	❑	❑	❑
fiebre	❑	❑	❑
dolor de cabeza	❑	❑	❑
dolor de garganta	❑	❑	❑
una infección en el oído	❑	❑	❑
náuseas	❑	❑	❑
tos	❑	❑	❑

2 ¿Tuviste un accidente alguna vez? ¿Qué te pasó?

	Nunca	Una vez	Más de una vez
Choqué con el coche.	❑	❑	❑
Me caí y me rompí el brazo.	❑	❑	❑
Me corté el dedo.	❑	❑	❑
Me golpeé la cabeza y me desmayé.	❑	❑	❑
Me lastimé la rodilla.	❑	❑	❑
Me resbalé y me torcí la muñeca.	❑	❑	❑
Me rompí un diente.	❑	❑	❑

3 ¿Qué hizo tu médico(a) para curarte?

	Sí	No
Me enyesó el tobillo.	❑	❑
Me puso puntos.	❑	❑
Me puso una inyección.	❑	❑
Me puso una venda.	❑	❑
Me puso unas gotas en los ojos.	❑	❑
Me recetó unas pastillas.	❑	❑
Me sacó radiografías del pecho.	❑	❑

4 ¿Qué te dijo tu médico(a)?
Me dijo que...

	Sí	No
no me tocara la herida.	❑	❑
andara con muletas.	❑	❑
no fumara.	❑	❑
guardara cama.	❑	❑
tomara un jarabe.	❑	❑

5 ¿Qué actividades son importantes para ponerse en forma? Da tus consejos.

	Es importante	No es importante
Camina a la escuela o al trabajo.	❑	❑
Corre todos los días.	❑	❑
Estira los músculos antes de hacer ejercicio.	❑	❑
Haz ejercicio.	❑	❑

6 Para estar sano(a), es necesario que...

	Ya lo hago	Debo hacerlo
comas alimentos sanos.	❑	❑
evites los antojitos.	❑	❑
tengas una dieta equilibrada.	❑	❑
tomes mucha agua.	❑	❑

7 ¿Qué le dices a tu amigo(a) cuando está enfermo(a)?

	Sí	No
Espero que te recuperes pronto.	❑	❑
Me alegro de que no sea grave.	❑	❑
¡Que te mejores!	❑	❑
Siento que te encuentres mal.	❑	❑

NOMBRE____________________________________FECHA__________

REALIDADES

1. Salud y ejercicio

Reading comprehension

Answer the questions based on what you have read.

1. ¿Qué le pasó a la chica de Costa Rica en sus últimas vacaciones?

____

2. ¿Qué le dijo el papá al chico de Puerto Rico?

____

____

3. ¿Por qué comía mucho el chico de España?

____

4. ¿Dedica la mayoría de las jóvenes uruguayas tiempo a los deportes?

____

2. Los jóvenes y los deportes

Applying your thinking skills

Circle the answer that best completes each sentence.

1. Los jóvenes en varios países hispanos montan en bicicleta...

a. una vez al año **b.** frecuentemente **c.** los domingos

2. El deporte más popular en los países hispanos es...

a. el tenis **b.** el ajedrez **c.** el fútbol

3. El veintinueve por ciento de las jóvenes uruguayas se dedican al deporte...

a. de vez en cuando **b.** una vez por semana **c.** varias veces por semana

4. El 41% de los jóvenes uruguayos se dedican al deporte...

a. nunca **b.** varias veces por semana **c.** de vez en cuando

NOMBRE ______________________________ FECHA __________

PALABRAS EN ACCIÓN: VOCABULARIO

1. ¿Cómo te curaste?

Practicing vocabulary: illnesses, accidents, and medical procedures

List illnesses or accidents you or someone you know has had. Then write how they were treated.

1. Yo me corté el dedo. El médico me puso puntos y una venda.
2. ______________________________
3. ______________________________
4. ______________________________
5. ______________________________

2. Males y remedios

Practicing vocabulary: illnesses, accidents, and medical procedures

Answer the questions about these people's medical problems.

1. ¿Por qué andas con muletas?

____

2. Tengo una infección en el oído. ¿Qué debo hacer?

____

3. El futbolista se resbaló y se torció la muñeca. ¿Qué le puso el médico?

____

4. Cuando tienes fiebre, dolor de cabeza y tos, ¿qué te recomienda el doctor?

____

5. Ayer me corté el pie. ¿Sabes qué me hicieron en el hospital?

____

6. ¿Qué deben hacer ustedes para no subir de peso?

____

NOMBRE ______________________________ FECHA __________

3. Servicios de salud

Practicing vocabulary: illnesses, accidents, and health services

Use the information from each ad to complete the sentences below.

Dr. Raúl Rodríguez Vargas

Enfermedades de los ojos en niños y adultos

*** LENTES DE CONTACTO***

Llame al teléfono 555-2246

CENTRO DE ORTOPEDIA Y TRAUMATOLOGÍA

- **Fracturas, enfermedades de los huesos y músculos**
- **Accidentes del deporte**

Teléfono: 555-9080

CLÍNICA DE ASMA, ALERGIA Y PIEL 24 HRS.

- Bronquitis
- Sinusitis
- Infecciones
- Asma

Teléfono: 555-8194

ZONA SUR

Servicio de ambulancia

• las 24 horas•

TELÉFONO: 555-7711

1. Mi hermano está en la oficina del Dr. Rodríguez porque

necesita lentes de contacto.

2. El chofer de un coche va al Centro de ortopedia y traumatología porque

____

3. Yo llamé a la ambulancia porque

____

4. Mi amiga fue a la Clínica de asma porque

____

5. Me fracturé un tobillo y tengo una cita en

____

6. Los pacientes del Dr. Rodríguez tienen

____

NOMBRE ______________________________ FECHA __________

PARA COMUNICARNOS MEJOR: GRAMÁTICA

The present subjunctive

- To form the present subjunctive, remove the ***-o*** from the ***yo*** form of the present tense, and add the following endings.

	GUARDAR	*CONOCER*	*VENIR*
yo	guard**e**	conozc**a**	veng**a**
tú	guard**es**	conozc**as**	veng**as**
Ud. / él / ella	guard**e**	conozc**a**	veng**a**
nosotros(as)	guard**emos**	conozc**amos**	veng**amos**
vosotros(as)	guard**éis**	conozc**áis**	veng**áis**
Uds. / ellos / ellas	guard**en**	conozc**an**	veng**an**

- The present subjunctive is often introduced by clauses that include ***es*** followed by an adjective and ***que***.

1. ¿Qué dice el médico?

Practicing the present subjunctive

Complete the paragraph with the correct present subjunctive forms of the verbs in parentheses.

Mi amiga tiene bronquitis. El médico dice que es necesario que ella (guardar) ______________ cama y que (tomar) ______________ mucha agua. Ella tiene mucha tos. Es necesario que el médico le (recetar) ______________ un jarabe. El médico dice que no es recomendable que (hacer) ______________ ejercicio y que es mejor que (quedarse) ______________ en casa.

2. Es recomendable que...

Practicing the present subjunctive

Answer the questions, using *es... que* and the present subjunctive.

1. ¿Qué puedo hacer para tener una dieta equilibrada?

____

2. ¿Qué ejercicios deben hacer ustedes para estar sanos(as)?

____

3. ¿Qué debe tomar mi hermana?

____

4. ¿Qué actividades son importantes para ponerte en forma?

____

NOMBRE ______________________________ FECHA ____________

3. Es importante que...

Practicing the present subjunctive

Use the phrases in the box below to give advice on staying healthy. Be sure to use the correct present subjunctive form of each verb.

no comer antojitos	montar en bicicleta
correr	no tocar la herida
guardar cama	dormir ocho horas al día
no hacer ejercicio	mantener una dieta equilibrada
estirar los músculos	no beber agua
alimentarse bien	no tomar refrescos

1. Es importante que (yo) ______________________________

2. Es malo que (nosotros) ______________________________

3. Es bueno que (Quique) ______________________________

4. Es recomendable que (tú) ______________________________

5. Es mejor que (mis abuelos) ______________________________

6. Es necesario que (ella) ______________________________

7. Es importante que (Juan y yo) ______________________________

8. Es increíble que (tú) ______________________________

9. Es mejor que (ustedes) ______________________________

10. Es necesario que (yo) ______________________________

11. Es bueno que (tú) ______________________________

12. Es mejor que (los niños) ______________________________

PARA COMUNICARNOS MEJOR: GRAMÁTICA

The subjunctive: present and present perfect

- To express hopes and feelings about actions or events, use the subjunctive mood. For actions in the present, use the present subjunctive, which is on page 51 of your Activity Book. For actions in the past, use the present perfect subjunctive ***(pretérito perfecto de subjuntivo)***.
- To form the present perfect subjunctive, use the following forms of the present subjunctive of ***haber*** plus a past participle.

yo	**haya**	comprado	nosotros(as)	**hayamos**	comprado
tú	**hayas**	comprado	vosotros(as)	**hayáis**	comprado
Ud. / él / ella	**haya**	comprado	Uds. / ellos / ellas	**hayan**	comprado

1. Me alegro que...

Practicing the present subjunctive

Respond to the following comments, using the present subjunctive of the verbs in parentheses.

1. "Mi mamá está en el hospital desde ayer". (mejorarse pronto)

____

2. "Mi mejor amiga está enferma, pero no es grave". (no ser grave)

____

3. "Me voy a mi casa. No me siento bien". (mejorarse)

____

4. "Mi hermano ya no tiene la pierna enyesada". (no andar con muletas)

____

5. "¿Cómo están tus abuelos?" (estar enfermo)

____

2. Espero que...

Practicing the present perfect subjunctive

Complete the sentences with the present perfect subjunctive.

1. Espero que el equipo (ganar) __________________ anoche.
2. Espero que ellos (pasar) __________________ bien sus vacaciones.
3. Me preocupa que tú no (ir) __________________ al médico ayer.
4. Me alegro que nosotros (jugar) __________________ muy bien juntos.
5. Ojalá que mi prima no (comer) __________________ mucho esta semana

3. **Ojalá que...**

Practicing the present perfect subjunctive

Write what you would say to these people, using the pictures as cues.

1. (nosotros)

______

______

2. (ustedes)

______

______

3. (tú)

______

______

4. (ustedes)

______

______

5. (tú)

______

______

6. (nosotros)

______

______

NOMBRE______________________________FECHA__________

PARA COMUNICARNOS MEJOR: GRAMÁTICA

Informal (*tú*) commands

- To tell a friend what to do or not to do, use informal ***(tú)*** commands. The affirmative ***tú*** command form of regular verbs is the same as the ***Ud. / él / ella*** form of the present tense. Form negative ***tú*** commands by removing the ***-o*** of the ***yo*** form of verbs. Add ***-es*** to verbs ending in ***-ar***, and ***-as*** to verbs ending in ***-er*** and ***-ir***. Some verbs, however, have irregular command forms. A few of these are listed below.

Affirmative	
poner: pon	venir: ven
hacer: haz	tener: ten
ir: ve	decir: di
ser: sé	salir: sal

Negative	
dar: no des	ir: no vayas
estar: no estés	ser: no seas

1. ¡Ponte en forma!

Practicing informal commands

Complete the sentences, using affirmative or negative informal commands.

1. Para mantenerte en forma, ______________________________
2. Si tienes un accidente, ______________________________
3. Si te rompes un diente, ______________________________
4. Para sentirte bien, ______________________________
5. Si te rompes una pierna, ______________________________
6. Para adelgazar, ______________________________

2. No debes

Practicing irregular negative informal commands

Complete the sentences with the appropriate irregular negative informal commands.

1. ____________________ nervioso. Evita el estrés.
2. ____________________ en taxi. Monta en bicicleta.
3. ____________________ el jarabe. Prefiero las pastillas.
4. ____________________ tan perezoso. Haz ejercicio.

NOMBRE ______________________ FECHA __________

3. ¡Ven al gimnasio!

Practicing informal commands

Create your own ad for a health club. Use the informal command forms of verbs from the box.

decir	hacer	ir	practicar	ser	tener	venir

¿CÓMO? ¿NO HACES EJERCICIO? ¡NO ESPERES MÁS!

¡PONTE EN FORMA!

- ______________________
- ______________________
- ______________________
- ______________________
- ______________________
- ______________________
- ______________________

GIMNASIO ANDRÓMEDA

Avenida Caseros 4123 Buenos Aires

4. ¡Evita el estrés!

Practicing informal commands

Your friend works too hard. Make a list of things he or she should do to relax. Look at the verbs in the box for suggestions.

cocinar	escuchar	ir	jugar	leer

1. ______________________
2. ______________________
3. ______________________
4. ______________________
5. ______________________

NOMBRE ______________________________ FECHA __________

ADELANTE

1. ¿En qué orden?

Reading comprehension

Number the events in the order in which they occur in Horacio Quiroga's story *El almohadón de plumas*.

_______ **a.** Alicia muere.

_______ **b.** Jordán toma la almohada y la abre.

_______ **c.** Alicia se enferma.

_______ **d.** Jordán abre la almohada y encuentra un animal monstruoso.

_______ **e.** La sirvienta encuentra sangre en la almohada.

_______ **f.** La sirvienta llama a Jordán para que él examine la almohada.

_______ **g.** El médico la examina.

2. Sobre la literatura fantástica

Reading comprehension

Answer the questions based on what you have read.

1. ¿Cuándo se desarrolló la literatura fantástica?

____

2. ¿Cuáles son los temas más comunes de la literatura fantástica?

____

3. ¿Quién es Horacio Quiroga? ¿Dónde vivió?

____

____

4. ¿Qué recomienda Horacio Quiroga a un escritor de cuentos?

____

____

____

3. ¿Qué pasó?

Summarizing what you have read

Write a paragraph telling what happened in Quiroga's story.

____

____

____

____

NOMBRE ______________________________ FECHA __________

TALLER DE ESCRITORES

1. ¡Que te mejores!

Practicing what you have learned

Mari has broken a leg. Write dialogs between Mari and the people she talks to afterward. Use commands, the present subjunctive, and the present perfect subjunctive.

1. **Mamá:** (tener una infección) Hija, me preocupa que tengas una infección en la pierna.

   Mari: (preocuparse) No te preocupes. Yo me siento bien.

2. **Tita:** (venir a la escuela) ______________________________

   Mari: (estudiar mucho) ______________________________

3. **Tita:** (andar con muletas) ______________________________

   Mari: (no decir) ______________________________

4. **Lino:** (sentirse / hacer ejercicio) ______________________________

   Mari: (llamar) ______________________________

2. Una carta para Alicia

Writing a letter

Imagine that you are a character in the story *El almohadón de plumas*. You learn of Alicia's marriage and know what will happen to her in the future. On a separate sheet of paper, write a letter in which you tell Alicia what will happen and three things to do (or not do) to prevent those events.

NOMBRE______________________________FECHA__________

REPASO

1. ¿Estuviste enfermo?

Reviewing vocabulary

Complete the dialog. Use the words and expressions from the box.

catarro	dolor de cabeza	jarabe	pastillas	tos	te recetó

María: Pedro, ¿estuviste enfermo la semana pasada?

Pedro: Sí, tuve ________________.

María: ¿Qué síntomas tenías?

Pedro: Tenía ________________ y ________________.

María: ¿Qué ________________ el médico?

Pedro: Me recetó un ________________ y unas ________________.

2. Tú eres el doctor

Reviewing vocabulary, informal commands, and the present subjunctive

Imagine you are a doctor who gives a patient a list of recommendations and advice he/she should follow to maintain his/her good health.

1. (alimentarse) Es necesario que ______________________________

2. (comer) No es recomendable que ______________________________

3. (tener) Es bueno que ______________________________

4. (hacer ejercicio) ______________________________

5. (estirar los músculos) ______________________________

6. (tomar mucha agua) ______________________________

3. El guión

Reviewing vocabulary and the present perfect subjunctive

Imagine that you are a script writer for a TV action show. Write a scene between a young boy and the main character, in which the boy describes an accident.

Niño: ______________________________

____

Actor o actriz: ______________________________

____

4. ¿Cómo te mantienes sano?

Reviewing vocabulary

You have joined a new gym. The trainer wants you to fill out the following questionnaire.

1. ¿Qué hace para estar sano(a)?

____

2. ¿Cómo es su dieta? ¿Come muchos antojitos?

____

3. ¿Ha tenido algún accidente?

____

4. ¿Ha tenido asma, alergias o alguna otra enfermedad?

____

5. ¿Qué clases le interesan?

____

5. Otras fronteras

Reading comprehension

Complete the statements based on what you have read.

1. Tres mujeres hispanas que han destacado en el tenis son ____________

____

2. Algunas plantas que provienen de América son ____________

____

____

3. Algunas frutas que provienen de las regiones tropicales son ____________

____

4. Los cirujanos incas sabían hacer ____________

____

____

NOMBRE______________________________________ FECHA__________

RESUMEN

1. Organizando lo que has aprendido

Summarizing what you have learned

Fill in the graphic organizer with words and expressions related to health and fitness.

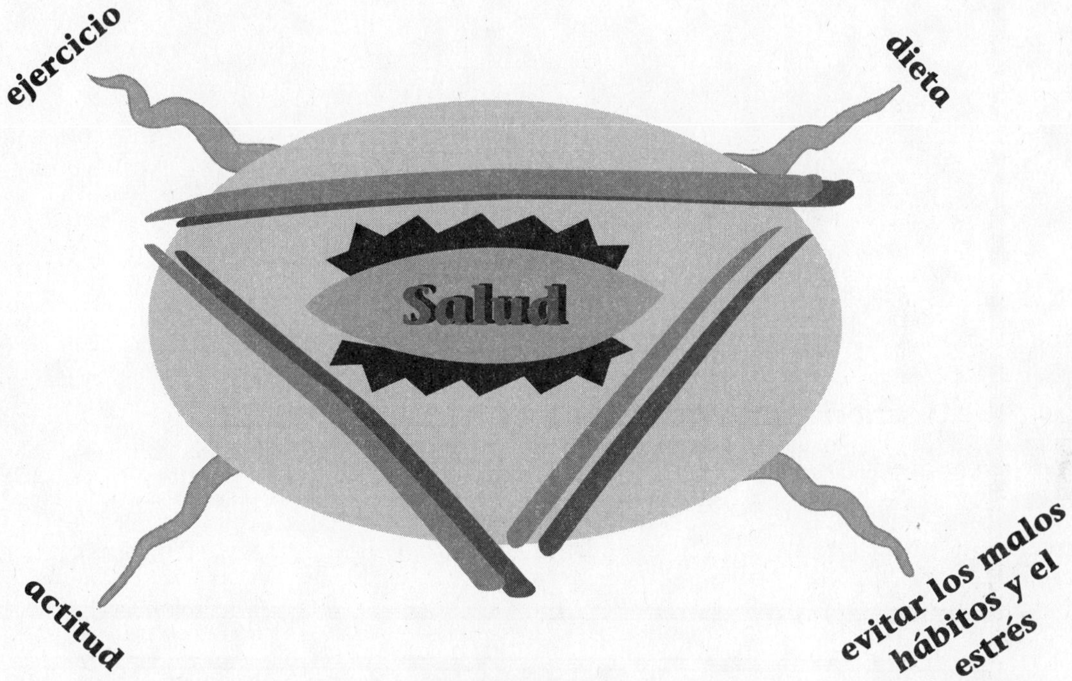

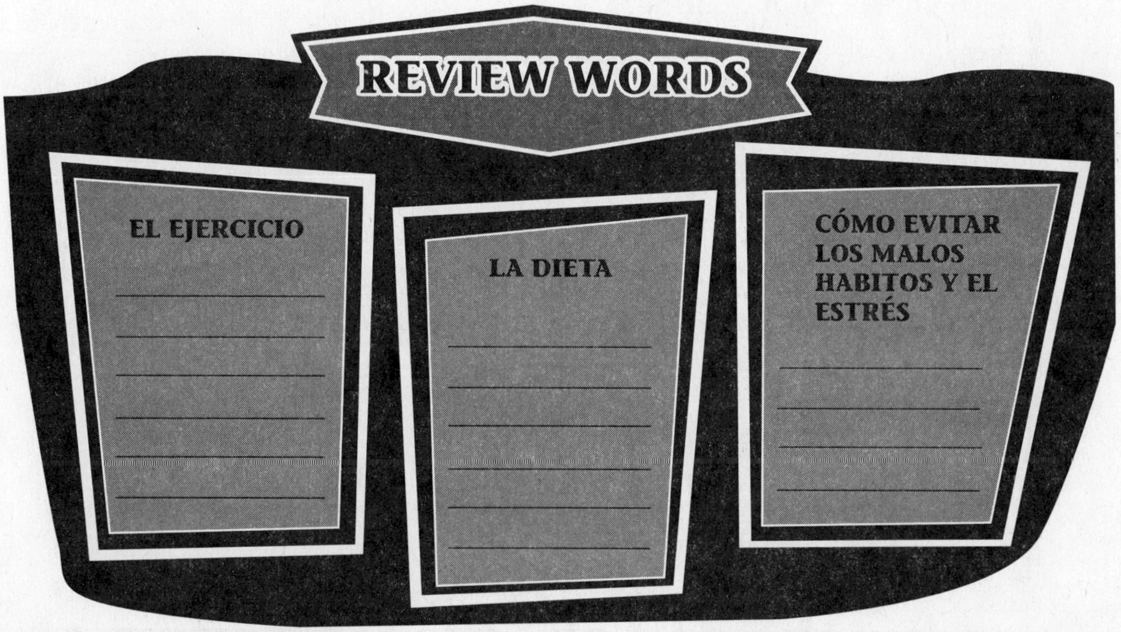

NOMBRE ______________________________ FECHA __________

2. Descripción de personajes

Writing character descriptions

Use the boxes to write descriptions of Jordán and Alicia. Justify your descriptions, using each character's actions, opinions, or beliefs.

Nombre del protagonista:

Descripción física:

Descripción de su personalidad:

Nombre del protagonista:

Descripción física:

Descripción de su personalidad:

NOMBRE______________________________ FECHA__________

¿QUÉ APRENDISTE?

1. Te aconsejo que...

Self-test: health and medical advice

Depending on each person's problem, give them advice on what to do or how to feel better.

1. Juan tiene el tobillo enyesado, pero debe ir a la escuela.

____

2. Laura quiere bajar de peso, pero sin dejar de comer.

____

3. Antonio quiere hacer ejercicio, pero no tiene tiempo para ir al gimnasio.

____

4. Sara y Sofía quieren estar en forma para cuando llegue el verano.

____

2. ¿Qué responden?

Self-test: the present subjunctive and the present perfect subjunctive

For each situation, write what the person would respond.

1. Marisa le cuenta a Rubén que ayer tuvo un accidente. ¿Qué contesta Rubén?
Espero ______________________________

2. Miguel y Virginia son novios desde hace ocho años. Él le pregunta a ella cuando es su cumpleaños. Enojada, Virginia le contesta:
Me molesta que ______________________________

3. Hace una hora que Ana espera a Juan. María le dice "Te ves preocupada". ¿Qué contesta Ana?
Me preocupa que ______________________________

4. Marcela y Carlota, que nunca hacían ejercicio, le dicen a su abuela que ahora están corriendo todos los días. ¿Qué responde la abuela?
Me alegra que ______________________________

5. Javier siempre come en restaurantes de comida rápida. ¿Qué le dice el doctor?
Es recomendable que ______________________________

6. Fabio y Raúl tienen una importante entrevista de trabajo. Fabio piensa que no es malo llegar tarde. ¿Qué le dice Raúl?
Es necesario que ______________________________

NOMBRE____________________ FECHA__________

3. La salud

Self-test: applying what you have learned

Write a dialog about health and fitness. Then practice the dialog with your partner.

¿Qué haces para mantenerte en forma?

A.
Ask how your partner what he/she does to stay fit.

B.
Respond and ask the same question.

A.
Respond. Ask what symptoms your partner has when he/she gets sick.

B.
Respond. Ask your partner the same question.

A.
Respond. What do you say to a friend who is sick?

B.
Respond.

NOMBRE ______________________________ FECHA __________

CAPÍTULO 4, GUÍA DE VIAJES
Conozcamos Guatemala, Honduras y El Salvador

1. Datos sobre Guatemala, Honduras y El Salvador
Reading comprehension

A. Answer the following questions about Guatemala, Honduras, and El Salvador.

1. ¿Cuáles son las capitales de Guatemala, Honduras y El Salvador?

   ____

2. ¿Con qué mar tiene costa Honduras?

   ____

3. ¿Cuál es la moneda de El Salvador?

   ____

4. ¿Con qué países tiene fronteras Guatemala?

   ____

B. For each country, name its main tourist attraction, a typical dish, and an activity you can do there.

1. Guatemala ______________________________

   ____

2. El Salvador ______________________________

   ____

3. Honduras ______________________________

   ____

C. List the ingredients of the following local dishes.

1. Pupusas ______________________________
2. El tapado ______________________________

NOMBRE ______________________________ FECHA __________

2. Proyecto

Writing a letter

You are traveling in Central America. Choose one of the countries from the *Guía de Viajes* (Guatemala, Honduras, or El Salvador). Then write a letter to your parents telling them what places you have visited, what you have been doing, how the food is, how the weather and the geography of the country are, and anything else you want to share with them.

______________________, a ________ de __________ de ________

Queridos papá y mamá:

____

____

____

____

____

____

____

____

____

____

____

____

____

____

____

Saludos para todos.

____

NOMBRE________________________________FECHA__________

CAPÍTULO 5, LA BUENA MESA

CONVERSEMOS

¿Eres buen(a) cocinero(a)?

Using new vocabulary

Answer the questions below and compare your answers with those of your classmates. Then, on a separate sheet of paper, summarize your findings. You may want to use some of these words: *algunos(as), nadie, la mayoría, todo el mundo, estar / no estar de acuerdo.*

1 ¿Qué haces cuando tienes hambre?

	Siempre	A veces	Nunca
Abro una lata.	❑	❑	❑
Caliento sobras.	❑	❑	❑
Pido comida por teléfono.	❑	❑	❑
Pongo algo en el horno microondas.	❑	❑	❑
Preparo un sándwich.	❑	❑	❑
Voy a un restaurante.	❑	❑	❑

2 ¿Qué utensilios se necesitan para cocinar?

	Se necesita	No se necesita
un abrelatas	❑	❑
una cacerola	❑	❑
una cuchara	❑	❑
un cuchillo	❑	❑
un rallador	❑	❑
una fuente	❑	❑
una olla	❑	❑
una sartén	❑	❑
una taza	❑	❑
un tenedor	❑	❑

3 ¿Con qué frecuencia compras en estas tiendas?

	Todos los días	A veces	Nunca
una carnicería	❑	❑	❑
una frutería	❑	❑	❑
una heladería	❑	❑	❑
una panadería	❑	❑	❑
una pescadería	❑	❑	❑
una verdulería	❑	❑	❑
una pastelería	❑	❑	❑

4 Tu amigo(a) quiere hacer pasta. ¿Qué condimentos y especias le recomiendas?

	Se lo(la) recomiendo	No se lo(la) recomiendo
el aceite	❑	❑
el ajo	❑	❑
el chile	❑	❑
el cilantro	❑	❑
el limón	❑	❑
la mayonesa	❑	❑
la mostaza	❑	❑
el orégano	❑	❑
la pimienta	❑	❑
la sal	❑	❑
el vinagre	❑	❑

5 Tus amigos te piden ayuda para preparar una cena. ¿Qué harías?

	Sí	No	Tal vez
Aliñaría la ensalada.	❑	❑	❑
Asaría el pollo.	❑	❑	❑
Batiría los huevos.	❑	❑	❑
Cortaría las verduras.	❑	❑	❑
Freiría el pescado.	❑	❑	❑
Herviría las papas.	❑	❑	❑
Mezclaría los ingredientes.	❑	❑	❑
Pelaría la fruta.	❑	❑	❑
Picaría la cebolla.	❑	❑	❑
Rallaría el queso.	❑	❑	❑

NOMBRE______________________________ FECHA__________

REALIDADES

1. La comida hispana

Reading comprehension

Answer the questions based on what you have read.

1. ¿Qué se le pone al pescado para hacer ceviche?

____

2. ¿De dónde es típico el arroz con plátano frito?

____

3. ¿Qué significa el refrán "A buen hambre no hay pan duro"?

____

4. ¿En qué año se introdujo el tomate en Estados Unidos? ¿En dónde?

____

5. ¿Dónde en Estados Unidos son populares los platos preparados con plátano?

____

6. ¿Qué países tienen la variedad de papas más grande del mundo?

____

2. Alimentos hispanos

Applying your thinking skills

Circle the answer that best completes each sentence.

1. El ceviche de pescado es una comida típica de la costa...

a. uruguaya **b.** peruana **c.** chilena

2. Hay muchos dichos y refranes en español que hacen referencia al...

a. pan **b.** cilantro **c.** pescado

3. "Es más bueno(a) que el pan" quiere decir que una persona es muy...

a. bonita **b.** rica **c.** buena

4. La papa es típica de países de los...

a. Pirineos **b.** Andes **c.** Alpes

NOMBRE ______________________________ FECHA __________

PALABRAS EN ACCIÓN: VOCABULARIO

1. ¿En qué tienda?

Practicing vocabulary: types of food stores

Answer the following questions about where to find specific kinds of food.

1. ¿Dónde puedo comprar naranjas? ______________________

2. ¿Y calamares? ______________________

3. ¿Dónde venden lechugas y tomates? ______________________

4. ¿En qué tienda venden tortas? ______________________

5. ¿Y pollo? ______________________

6. ¿Dónde puedo conseguir de todo? ______________________

2. Utensilios de cocina

Practicing vocabulary: cooking utensils

Write a sentence for each item, explaining its use.

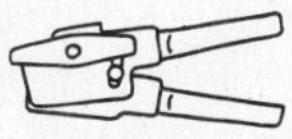

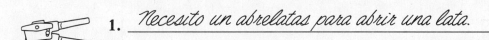

1. Necesito un abrelatas para abrir una lata.

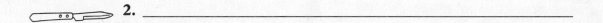

2. ______________________

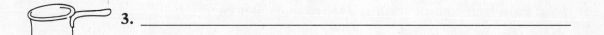

3. ______________________

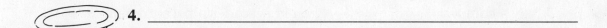

4. ______________________

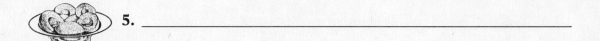

5. ______________________

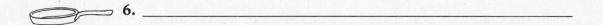

6. ______________________

NOMBRE____FECHA__________

3. Sopa de letras

Practicing vocabulary: cooking-related words

Find three kitchen utensils, three types of food stores, and three condiments or spices in the puzzle.

O	S	I	V	K	N	S	P	O	L	T	J
C	A	C	E	R	O	L	A	B	A	J	O
S	L	J	R	S	V	M	N	C	U	R	H
A	C	T	D	M	G	R	A	R	Ñ	Y	O
V	N	P	U	H	U	R	D	O	M	E	L
C	H	I	L	E	F	H	E	R	Q	M	L
B	Q	Ñ	E	Z	A	I	R	S	T	I	A
M	S	A	R	T	E	N	I	E	H	J	S
G	B	E	I	H	C	D	A	P	S	A	E
D	Z	C	A	R	N	I	C	E	R	I	A

4. ¡A cocinar!

Practicing vocabulary: cooking a meal

Complete the following sentences, using each word in the box.

aceite	batir	fuente	sal	pimienta
aliñar	ceviche	pescado	sartén	vinagre

1. Necesito ______________ los huevos para hacer huevos revueltos.

2. Para freír huevos, primero tengo que calentar ______________ en la ______________.

3. Voy a comprar ______________ en la pescadería para preparar ______________, un plato típico de la costa peruana.

4. Para ___________ la ensalada se necesitan aceite, ______________, ______________ y un poco de ______________.

5. Necesito una ______________ para servir las verduras.

NOMBRE______________________________________ FECHA__________

PARA COMUNICARNOS MEJOR: GRAMÁTICA

The conditional

- To form the conditional of a regular verb, add the appropriate ending to the infinitive of the verb:

-ía	-íamos
-ías	-íais
-ía	-ían

1. Una fiesta

Practicing the conditional

Answer the following questions, using the conditional.

1. ¿Qué comprarías para la fiesta? Compraría un pastel.

2. ¿Qué comida prepararía él? ____________________

3. ¿Dónde comprarían ustedes la comida? ____________________

4. ¿Qué bebidas servirían ellos? ____________________

5. ¿Qué ropa me pondría? ____________________

6. ¿Qué regalos pedirías? ____________________

2. Mi quinceañera

Practicing the conditional

Complete the paragraph, using the conditional of the verbs provided.

Me (gustar) __________ celebrar mi fiesta de quince años en el jardín de la casa de mi abuela. El día antes de la fiesta, (ir) __________ al supermercado con mi hermano y los dos (comprar) __________ las cosas necesarias. (Poner) __________ todo en el coche de papá para llevarlo a casa. El día de la fiesta yo (levantarse) __________ temprano para ir a la panadería y para comprar flores. Mi padre (cocinar) __________ mis platos favoritos. Tú (poder) __________ ayudar a preparar la comida y yo (aliñar) __________ la ensalada. Mi madrina (traer) __________ el pastel. ¿Te (gustar) __________ venir a mi fiesta?

NOMBRE ______________________ FECHA __________

2. ¿Qué harían en estas situaciones?

Practicing the conditional

Write a sentence using the conditional to describe what these people would do in each situations.

1. Tienes un millón de dólares.

Me compraría una casa.

2. Él es presidente de Estados Unidos. ______________

3. La amiga de Ana está enferma.

____

4. Tenemos una semana de vacaciones. ______________

5. Ellos tienen la tarde libre.

____

6. Yo tengo que comprar libros.

____

NOMBRE ______________________ FECHA __________

PARA COMUNICARNOS MEJOR: GRAMÁTICA

Direct and indirect object pronouns

Direct object pronouns		Indirect object pronouns	
me	nos	me	nos
te	os	te	os
lo, la	los, las	le (se)	les (se)

1. ¿Sí o no?

Practicing direct and indirect object pronouns

Answer the following questions, using direct and indirect object pronouns.

1. ¿Le das la pulsera a tu madre? Sí, se la doy.
2. ¿Le lees el libro a tu hermano pequeño? ______
3. ¿Te recomiendan ellos la película? ______
4. ¿Le preparas unos sándwiches a tu abuela? ______
5. Por favor, ¿me traes un vaso de leche? ______

2. ¿Qué les dicen? ¿Qué hacen?

Practicing direct and indirect object pronouns

Answer the following questions, using direct and indirect object pronouns.

1. Quieres que tu amigo te dé la revista. ¿Qué le dices?
   Dámela.
2. Quieres que tu prima te traiga dulces. ¿Qué le dices?
   ______
3. Ustedes van a escribirle una carta a su abuela. ¿Qué dicen?
   ______
4. Él va a comprar un cuaderno. ¿Qué va a hacer?
   ______
5. El mesero de un restaurante te pregunta si te trae el menú. ¿Qué le dices?
   ______

3. En el resturante

Practicing direct and indirect object pronouns

Complete the dialogs, using direct and indirect object pronouns. Where appropriate, attach the pronoun(s) to the command form of the verb in parentheses.

1. Mesero: ¿ ________________ traigo algo para tomar?

Padre: Sí, (traer) ________________ una botella de agua mineral grande, por favor.

2. Madre: ________________ gustaría ver el menú.

Mesero: Sí, claro. Ahora ________________ traigo.

3. Mesero: ¿ ________________ digo los platos del día?

Padre: Sí, (decir) ________________.

4. Mesero: ¿Qué ________________ traigo?

Cliente: Por favor, (traer) ________________ una botella de agua mineral pequeña.

Mesero: ¿ ________________ digo los platos del día?

Cliente: Sí, (decir) ________________.

NOMBRE_________________________________ FECHA__________

PARA COMUNICARNOS MEJOR: GRAMÁTICA

The impersonal *se*

- To make a general statement about something, without naming a specific subject, use ***se*** and the ***Ud. / él / ella*** or ***Uds. / ellos / ellas*** form of the verb.

1. Las comidas y tú

Practicing the impersonal **se**

Answer these questions, using the impersonal *se*.

1. ¿A qué hora se almuerza en tu casa los domingos?

____

2. ¿A qué hora se cena en tu casa durante la semana?

____

3. ¿Dónde se puede comprar fruta en tu vecindario?

____

5. ¿Se habla español en las tiendas de tu vecindario?

____

6. ¿Qué comidas se encuentran en la cafetería de tu escuela?

____

2. Costumbres hispanas

Practicing the impersonal **se**

Complete the paragraph, using the impersonal *se*.

Aunque en España y en los países latinoamericanos (hablar) ___*se habla*___ el mismo idioma, hay una gran variedad de expresiones, de vocabulario y de acentos. También, en un mismo país (usar) ____________ unas palabras en una región y en otras regiones (utilizar) ____________ otras. En cada país (comer) ____________ platos diferentes y (cocinar) ____________ de manera distinta. En unos lugares (freír) ____________ la carne, en otros (asar) ____________. En algunos países (poner) ____________ muchas especias, en otros (servir) ____________ muchas salsas.

NOMBRE ______________________ FECHA __________

3. Anuncios

Practicing the impersonal **se**

Write advertisements using the impersonal *se*. Choose verbs from the box. Use the illustrations to help you.

comprar	necesitar	dar clases	regalar	vender

1. ______________________________

2. ______________________________

3. ______________________________

4. ______________________________

5. ______________________________

4. Una celebración especial

Practicing the impersonal **se**

Select an occasion (a birthday, a graduation, a birth, an anniversary, or a specific holiday) and, on a separate sheet of paper, write five things people do to celebrate it. Use the impersonal *se*.

NOMBRE ______________________________ FECHA __________

ADELANTE

1. *Cómo se come una guayaba*

Reading comprehension

Answer these questions based on what you have read.

1. ¿Quién escribió "Cómo se come una guayaba"?

____

2. ¿Dónde nació la autora del cuento y adónde se mudó?

____

3. ¿Cuándo comió la autora del cuento su última guayaba?

____

4. ¿Qué le recuerdan las guayabas en Nueva York?

____

5. Y a ti, ¿qué comida te recuerda a tu niñez? ¿Por qué?

____

2. Las guayabas

Applying your thinking skills

Based on what you have read, write descriptions of the ripe and the unripe guava under the appropriate heading.

guayaba madura	guayaba verde
______________	______________
______________	______________
______________	______________

3. Adjetivos

Applying what you have learned

Make a list of at least ten adjectives from the reading. Then write four sentences using them.

Adjetivos: ______________________________

____

1. ______________________________

2. ______________________________

3. ______________________________

4. ______________________________

NOMBRE ______________________________ FECHA ____________

TALLER DE ESCRITORES

Mi receta favorita

Writing a recipe

Write the recipe for your favorite dish: a dessert, a salad, or a main course. You may use the words and the verbs from the boxes.

Receta: ______________________________

taza(s) de ...	cucharada(s) de...

Ingredientes:

____

____

____

____

se calienta(n)	se pone(n)	se añade(n)	se revuelve(n)	se sirve(n)

Preparación:

1. ______________________________

2. ______________________________

3. ______________________________

4. ______________________________

5. ______________________________

NOMBRE ______________________________ FECHA __________

REPASO

1. Las tiendas de mi vecindario

Reviewing what you have learned

Write the word that corresponds to each definition, or write the definition that corresponds to each word.

1. Es la tienda donde se vende pan. ______________________
2. la verdulería ______________________
3. Es la tienda donde se venden helados. ______________________
4. la carnicería ______________________
5. Es la tienda donde se vende pescado. ______________________
6. la frutería ______________________

2. Preguntas y recomendaciones

Practicing the conditional

Read these answers. Then write the corresponding questions.

1. ¿Qué restaurante de tu vecindario le recomendarías a tu amigo?

   Yo le recomendaría el restaurante Muchos Tacos.

2. ______________________

   A una ensalada le pondría aceite y vinagre.

3. ______________________

   Ustedes irían a la frutería.

4. ______________________

   No, no me gustaría porque soy vegetariano.

5. ______________________

   Se la recomendaría a mi prima porque le encanta el pescado.

6. ______________________

   Le prepararíamos un pastel de chocolate.

3. Una comida entre amigos

Reviewing what you have learned

Complete the following dialog.

Carlos: ¿Te gustaría una ensalada de atún?

Pedro: Sí, ______________ encantaría. Si quieres, ____________ ayudo a preparar ______________.

Carlos: Gracias. Tráe ____________ una ______________ de atún del armario de la cocina y da ____________ el ____________ para abrirla.

Pedro: Ahora ____________ doy.

Carlos: Este tipo de ensalada (poder) ____________ comprar preparada.

Pedro: Sí, pero no es tan buena.

Carlos: Bueno, ya está. ¿ ____________ puedes traer una ____________ para llevarla a la mesa?

Pedro: Sí, ahora ______________ traigo. ¿Sabes qué? Mañana podemos comer gazpacho. Yo ____________ preparo muy bien.

4. Otras fronteras

Reading comprehension

Based on what you have read, answer the questions.

1. ¿Para qué servían las terrazas de Machu Picchu?

____

____

2. ¿Qué otra cosa inventaron los incas?

____

____

3. ¿Qué sabes de Pablo Neruda?

____

____

4. ¿Qué es un bodegón?

____

____

NOMBRE____FECHA____________

RESUMEN

1. Organizando lo que has aprendido

Summarizing what you have learned

Fill in the graphic organizer with words and expressions related to food.

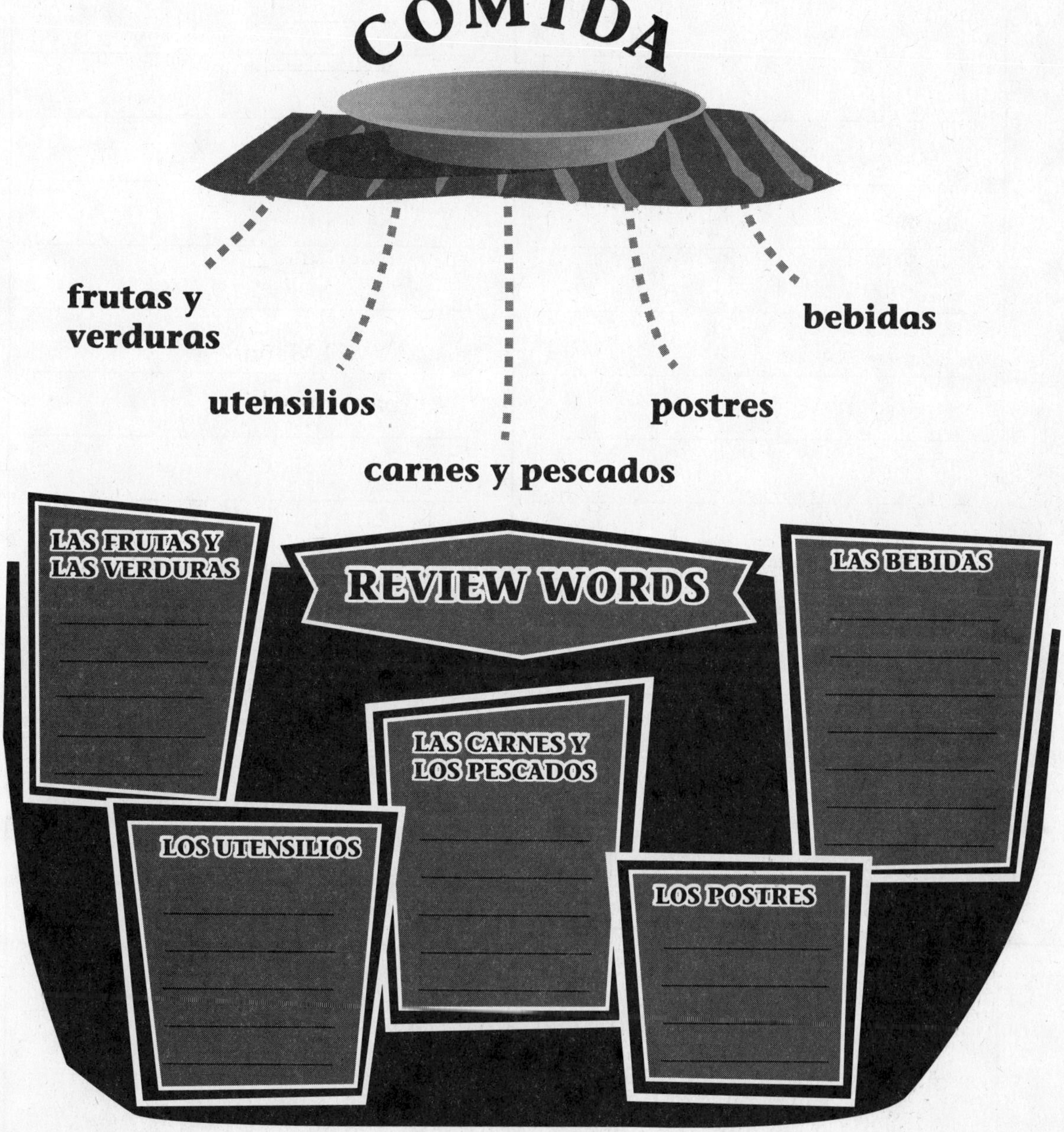

NOMBRE ______________________________ FECHA __________

2. Cuadro comparativo

Making comparisons

Use the chart below to compare two things or ideas from *Cómo se come una guayaba.*

Temas o ideas que se comparan: ______________________________

1. ______________________________	2. ______________________________
______________________________	______________________________
______________________________	______________________________
______________________________	______________________________
______________________________	______________________________
______________________________	______________________________
______________________________	______________________________
______________________________	______________________________
______________________________	______________________________
______________________________	______________________________
______________________________	______________________________
______________________________	______________________________
______________________________	______________________________
______________________________	______________________________
______________________________	______________________________
______________________________	______________________________
______________________________	______________________________
______________________________	______________________________
______________________________	______________________________

NOMBRE ______________________________ FECHA __________

¿QUÉ APRENDISTE?

1. ¿Qué harías con cada ingrediente?

Self-test: foods and cooking tasks and utensils

Write sentences telling what you would do with each of the foods in the box, if you were cooking. Use the utensils as cues.

la lata de atún	el pollo
las papas	el queso
el pescado	las verduras

1. (en el horno) Asaría el pollo.
2. (con el cuchillo) ______________________
3. (con el rallador) ______________________
4. (en la cacerola) ______________________
5. (en la sartén) ______________________
6. (con el abrelatas) ______________________

2. ¿Qué harías si...?

Self-test: the conditional and direct and indirect object pronouns

Write sentences describing what these people would do. Use the conditional of the verbs in parentheses.

1. Tu hermana debe hacer una comida para su amigo mexicano.
   (hacer) Se la haría muy picante.
2. ¿Dónde le comprarías pescado fresco a tu tía?
   (comprar) ______________________
3. Ustedes tienen un amigo que no quiere probar el ceviche.
   (recomendar) ______________________
4. Tu hermana quiere que le des la sal y la pimienta.
   (dar) ______________________
5. Necesito que me traigan ustedes los ingredientes.
   (traer) ______________________
6. Debes decidir si le prestas o no tu libro de recetas a tu amiga.
   (prestar) ______________________

NOMBRE ______________________________ FECHA __________

3. Preparación de la comida

Self-test: applying what you have learned

Write a dialog about preparing meals. Then practice the dialog with your partner.

¿Qué haces cuando tienes hambre?

A. Ask your partner what he/she does when he/she is hungry.

B. Respond. Then ask the same question.

A. Respond. Then ask your partner to what stores he/she goes to buy food and how often.

B. Respond. Then ask your partner what food he/she is going to prepare today.

A. Respond. Then ask what spices or condiments he/she recommends.

B. Respond.

NOMBRE ____ FECHA ______________

CAPÍTULO 5, GUÍA DE VIAJES
Conozcamos Nicaragua, Costa Rica y Panamá

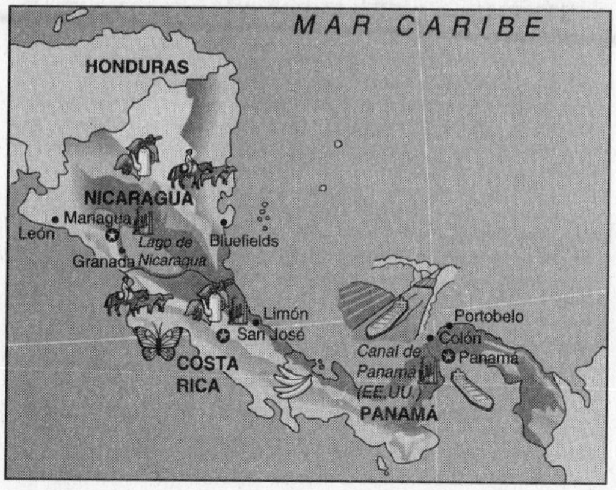

1. Datos sobre Nicaragua Costa Rica y Panamá
Reading comprehension

A. Answer the questions about Nicaragua, Costa Rica, and Panama.

1. ¿Cuál es la capital de Costa Rica?

____

2. ¿Con qué mares tiene costa Panamá?

____

3. ¿Puedes nombrar dos ciudades importantes de Nicaragua?

____

4. ¿Qué lenguas se hablan en Costa Rica y Panamá?

____

B. For each of the following countries, tell the year it was colonized, the year it gained its independence, and one indigenous group.

1. Nicaragua

____

2. Costa Rica

____

3. Panamá

____

C. Summarize what you have learned about the following places.

1. Bluefields

____

____

2. El Canal de Panamá

____

NOMBRE ______________________________ FECHA __________

2. Proyecto

Writing a speech

You have just visited Nicaragua, Costa Rica, and Panama. Your teacher has asked you to tell your schoolmates about your trip and what you did there. Using the information provided in the *Guía de viajes,* write a speech describing your experiences in these three countries.

- You may want to give your audience some background information (geography, climate, culture, history).
- Organize your speech chronlogically, by country, or by type of information. (For example: places to visit, then celebrations, then food, then activities.)

NOMBRE________________________________ FECHA__________

CAPÍTULO 6, DESPUÉS DE GRADUARME

CONVERSEMOS

¿Qué planes tienes para el futuro?

Using new vocabulary

Answer the questions below and compare your answers with those of your classmates. Then, on a separate sheet of paper, summarize your findings. You may want to use some of these words: *algunos(as), nadie, la mayoría, todo el mundo, estar / no estar de acuerdo.*

1 Cuando te gradúes, ¿qué quieres hacer? ¿Te gustaría...?

	Sí	No sé	No
ganar mucho dinero	❑	❑	❑
ir a la universidad	❑	❑	❑
elegir una profesión	❑	❑	❑
tener tu propio negocio	❑	❑	❑
trabajar un año y luego estudiar	❑	❑	❑
viajar y conocer el mundo	❑	❑	❑

2 ¿Qué debes hacer antes de matricularte en la universidad?

	Ya lo hice	Todavía no
averiguar qué cursos se ofrecen	❑	❑
decidir si quieres estudiar cerca o lejos de tu casa	❑	❑
escoger una universidad	❑	❑
pensar en tu situación económica	❑	❑
solicitar una beca	❑	❑
visitar la universidad	❑	❑

3 ¿Qué te gusta hacer?

	Me encanta	No me interesa
atender al público	❑	❑
ayudar a la gente	❑	❑
cocinar	❑	❑
construir cosas	❑	❑
hacer trabajos manuales	❑	❑
trabajar al aire libre	❑	❑
trabajar con animales	❑	❑
trabajar con niños	❑	❑
vender cosas	❑	❑

4 ¿Qué te aconseja tu familia? Mi familia me aconseja que sea...

	Sí	No
abogado(a)	❑	❑
agricultor(a)	❑	❑
artista	❑	❑
bombero(a)	❑	❑
científico(a)	❑	❑
cocinero(a)	❑	❑
mecánico(a)	❑	❑
médico(a)	❑	❑
militar	❑	❑
modelo	❑	❑
periodista	❑	❑
policía	❑	❑
profesor(a)	❑	❑
programador(a) de computadoras	❑	❑
secretario(a)	❑	❑

5 Para conseguir un trabajo hay que hacer varias cosas. Organiza esta lista en orden cronológico (1 a 6).

_____ averiguar qué empleos hay
_____ escoger un trabajo
_____ llenar una solicitud
_____ pedir una entrevista
_____ solicitar el puesto
_____ tener en cuenta el horario y el sueldo

NOMBRE________________________________ FECHA__________

REALIDADES

1. Las carreras

Reading comprehension

Answer the questions based on what you have read.

1. ¿Por qué el padre chileno recomienda a su hijo que estudie ingeniería metalúrgica? Porque en Chile puede conseguir un buen trabajo y ganar mucho dinero.

2. ¿En qué tipo de producción es importante Argentina?

3. En qué actividad está el futuro de Perú?

4. ¿Cuáles son las dos profesiones que más les gustan a los jóvenes peruanos?

5. ¿Qué dicho tienen los latinoamericanos sobre la educación?

6. ¿En manos de quién está el futuro de un país?

2. ¿Qué debo estudiar?

Applying your thinking skills

Circle the answer that best completes each sentence.

1. "Tienes que pensar en tu situación... para el futuro", dijo el padre del estudiante chileno.
   a. económica **b.** personal **c.** laboral

2. La Universidad Nacional Agraria de la Selva ofrece una carrera en ingeniería...
   a. forestal **b.** naval **c.** genética

3. "Creo que debes ser...", dijo la tía del joven argentino.
   a. ingeniero **b.** agricultor **c.** médico

4. La mayoría de los jóvenes peruanos escogen una carrera porque...
   a. les gusta **b.** quieren ganar **c.** siguen una tradición

NOMBRE______________________________________ FECHA______________

PALABRAS EN ACCIÓN: VOCABULARIO

1. ¿Por qué quieres ser...?

Practicing vocabulary: occupations and goals

Match the words and expressions in the boxes below to write answers to the question "*¿Por qué quieres ser...?*" Try to use as many different subjects as possible.

abogado(a)	científico(a)
agricultor(a)	periodista
artista	profesor(a)

hay posibilidades de trabajo	tengo aptitudes
mi país necesita profesionales	por tradición familiar
es una carrera con futuro	podría ganar dinero

1. *Ella quiere ser periodista porque hay posibilidades de trabajo.*
2. ____
3. ____
4. ____
5. ____
6. ____

2. Gustos e intereses

Practicing vocabulary: occupations

Write sentences telling what occupation these people should choose.

1. Le gusta ayudar a la gente. ______________________________
2. Le gusta atender al público. ______________________________
3. Le gusta trabajar al aire libre. ______________________________
4. Le gusta la informática. ______________________________

NOMBRE ______________________________ FECHA ____________

3. ¿Qué profesión escoger?

Practicing vocabulary: personal interests and professions

Match the objectives in the box on the left with the jobs in the box on the right. Then write sentences with each pair.

trabajar al aire libre trabajar con niños escribir noticias servir a la comunidad cocinar	profesor(a) agricultor(a) cocinero(a) periodista policía

1. Si quieres trabajar al aire libre, debes estudiar para agricultor.
2. ______________________________
3. ______________________________
4. ______________________________
5. ______________________________

4. ¿Qué harás en el futuro?

Practicing vocabulary

Complete the dialog with the words in the box. Use each word only once.

aptitudes	conocer	ganar	para
artista	decidir	lejos	propio
cerca	escoger	manuales	universidad

Juan: Quiero ir a la ___________ y estudiar ___________ médico. Todavía tengo que ___________ la universidad.

Rosa: Yo quiero ser ___________. Me gusta hacer trabajos ___________, pero a veces pienso que me gustaría más viajar y ___________ el mundo. ¿Has decidido si quieres estudiar ___________ o ___________ de casa?

Juan: Todavía no, pero lo tengo que ___________ pronto. ¿Sabes qué? Andrés dice que quiere tener su ___________ negocio. ¿Tú qué piensas?

Rosa: No sé. Tiene ___________ para trabajar solo y podría ___________ mucho dinero.

NOMBRE______________________________________ FECHA____________

PARA COMUNICARNOS MEJOR: GRAMÁTICA

The present subjunctive

- Use the present subjunctive to talk about what someone wants, suggests, or recommends that you do.

  Mi papá insiste en que estudie más. ***My father insists that I study more.***

- The present subjunctive often will follow the verbs in the box below.

aconsejar	insistir en	querer (ie)
decir	mandar	recomendar (ie)
desear	preferir (ie)	sugerir (ie)

1. **¿Qué les aconsejas?**
Practicing the present subjunctive

Use the subjunctive to give advice about getting into college.

1. Tu amigo no sabe si quiere estudiar lejos o cerca de su casa.

Le aconsejo que decida si quiere estudiar lejos o cerca de su casa.

2. Ellos no saben a qué universidad ir.

____

3. Nosotros no hemos pensado en nuestra situación económica.

____

4. Yo no sé que cursos se ofrecen.

____

5. Ustedes no han solicitado una beca.

____

6. Ella no ha visitado la universidad.

____

NOMBRE_________________________ FECHA__________

2. Después de graduarse

Practicing the present subjunctive

Choose the appropriate phrase from the box to complete each sentence. Be sure to use the correct present subjunctive form of the verb.

elegir una profesión	trabajar un año
tener su propio negocio	viajar con frecuencia

1. Si quiere ser independiente, le recomiendo que tenga su propio negocio.
2. Si quieres ser profesional, ____________________
3. Si quieren ganar dinero y luego estudiar, ____________________
4. Si quieren conocer el mundo, ____________________

3. Para conseguir un trabajo

Practicing the present subjunctive

Match the items in the two columns. Then write recommendations, using the correct form of the present subjunctive.

llenar	en cuenta el horario y el sueldo
tener	como médica
trabajar	una solicitud

1. ____________________

____

2. ____________________

____

3. ____________________

____

NOMBRE____FECHA____________

PARA COMUNICARNOS MEJOR: GRAMÁTICA

Uses of *por* and *para*

- Use ***por*** to express:

  - periods and duration of time (in, for, during)
  - movement through space (through, along, by)
  - means (by)
  - cause (due to, because of)
  - exchange or substitution (for, in place of)

- Use ***para*** to express:

  - purpose (in order to)
  - for whom or for what an item is intended (for)
  - deadlines (by, for)
  - in the direction of (for, toward)

1. Tu primera entrevista de trabajo

Practicing uses of **por** *and* **para**

Complete the following letter, using *por* and *para*.

Querido Pedro:

Espero que ya estés preparado ________ *tu primera entrevista de trabajo. Te quiero dar algunos consejos* ________ *ayudarte. Levántate temprano* ________ *la mañana. Vístete bien* ________ *causar buena impresión. ¿Has trabajado* ________ *alguna compañía antes? ¿Prefieres trabajar* ________ *la tarde o* ________ *la noche? ¿Sabes qué sueldo vas a pedir* ________ *empezar? Te puedo mandar* ________ *fax una carta de recomendación. Si tienes preguntas, llámame* ________ *telefono.*

Tu maestra

2. Gracias por tu ayuda

Practicing uses of **por** *and* **para**

Complete the conversations between Manuel and Javier, using *por* and *para*.

Manuel: ¿ _______ cuándo tenemos que hacer la tarea de historia?

Javier: _______ el próximo miércoles. Además, ese día es el examen final.

Manuel: ¡No puede ser! Hoy es viernes. Y el fin de semana tenemos que estudiar _______ el examen de matemáticas del lunes. _______ mí va a ser imposible.

Javier: Si quieres, el lunes _______ la tarde te puedo ayudar.

Manuel: Sí, _______ favor.

Javier: Puedes pasar _______ mi casa el lunes por la tarde. El martes _______ la noche estaremos listos. Y el miércoles, después del examen, van a dar un partido de fútbol _______ la televisión.

(Después del examen.)

Manuel: Esta pelota de fútbol es un regalo _______ ti. Gracias _______ tu ayuda. Si no es _______ ti, no hago bien el examen.

Javier: Lo he hecho _______ amistad, no necesitas darme nada. Hoy _______ ti, mañana _______ mí.

Manuel: Bueno, además estoy contento _______ el partido de fútbol de esta noche.

Javier: Yo también. ¿Quieres tomar un helado _______ celebrarlo?

Manuel: _______ supuesto. ¡Vamos _______ la heladería!

Javier: Podemos ir _______ el camino del lago. Es más corto.

NOMBRE ______________________________ FECHA __________

PARA COMUNICARNOS MEJOR: GRAMÁTICA

The subjunctive: present and present perfect

- Use the indicative to express what you think or believe to be true.

  Creo que Eduardo va a solicitar una beca.

- Use the subjunctive to express doubt about events or about the activities of others. Here are some expressions often followed by the subjunctive:

  No creo que... **Dudo que...** **No estoy seguro(a) de que...**

- Use the present perfect subjunctive to discuss doubts about actions in the past.

Present Perfect Subjunctive		
haya	hayamos	
hayas	hayáis	+ past participle of verb *(-ado, -ido)*
haya	hayan	

- Some verbs have irregular past participles.

abrir—abierto	**hacer—hecho**	**romper—roto**
decir—dicho	**morir—muerto**	**ver—visto**
escribir—escrito	**poner—puesto**	**volver—vuelto**

1. Crees que...

Practicing the present and present perfect subjunctive

Answer the following questions, using the correct subjunctive form.

1. ¿Crees que te vas a graduar un año antes que tus compañeros? No, no creo que me vaya a graduar un año antes que mis compañeros.

2. ¿Estás seguro(a) de que te compraron un coche para tu cumpleaños?

____

3. ¿Dudas que tu equipo favorito gane el próximo partido?

____

4. ¿Crees que tus abuelos han visto muchas computadoras?

____

5. ¿Estás seguro de que hay vida en todos los planetas?

____

6. A tu amigo Antonio no le gusta leer. ¿Crees que va a escribir libros?

____

NOMBRE______________________________FECHA__________

2. No creo que venga a la fiesta

Practicing the subjunctive

Look at the illustrations and respond to the statements. Use the present subjunctive or the present perfect subjunctive, as appropriate.

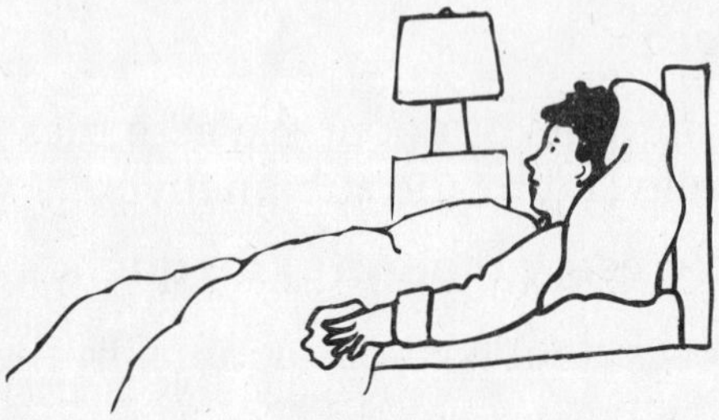

1. Hoy por la noche hay una fiesta.

No creo que vaya a la fiesta.

____

2. Ellos dicen que son buenos cocineros. ______________________________

____

3. Ana fue a ver una película.

____

____

4. Tu primo llamará por teléfono.

____

____

3. Juan fue a comprar un regalo.

____

____

4. Antonio va a ser famoso.

____

____

ADELANTE

1. ¿Cómo serán los trabajos del futuro?

Reading comprehension

Answer the following questions.

1. ¿Quién empezó a escribir como reportero del periódico *El espectador*?

____

2. ¿Con qué género literario se ha destacado Mario Vargas Llosa?

____

3. ¿Qué trabajos de la lectura crees que provocarán polémica?

____

4. ¿Crees que todas las profesiones que existen ahora cambiarán en el futuro?

____

5. ¿Qué trabajo de la lectura no te gustaría hacer? ¿Por qué?__________

____

2. Oficios del 2025

Summarizing what you have read

Based on what you have read, make a list of five new jobs proposed for the future and write a short description of each job.

1. ____

____

2. ____

____

3. ____

____

4. ____

____

5. ____

____

NOMBRE ______________________________ FECHA __________

TALLER DE ESCRITORES

1. Una carta de recomendación

Writing a letter of recommendation

Write a letter of recommendation for a friend who wants to be a gardener for a senior citizen. Mention how long you have known your friend and state his or her strengths. Also, discuss your friend's extracurricular activities.

2. Un anuncio en el periódico

Writing an ad

Write an ad to get yourself a summer job. Include what you like to do, your skills and character traits, and how many hours per week you want to work.

NOMBRE ______________________________ FECHA __________

REPASO

1. Para lograr las metas

Reviewing what you have learned

Write an appropriate question for each answer.

1. ¿Estás segura de que puedes atender al público?
   No, no estoy segura de que pueda atender al público.
2. ______________________________
   Quiero solicitar el trabajo de cocinero porque tengo aptitudes.
3. ______________________________
   Sí, creo que mi hermana puede lograr sus metas y sus planes.
4. ______________________________
   Para escoger un trabajo, se debe tener en cuenta el horario y el sueldo.
5. ______________________________
   Le aconsejo que ponga un anuncio en el periódico.
6. ______________________________
   No. Dudo que se necesite ir a la universidad para ganar mucho dinero.

2. ¿Tú qué crees?

Reviewing the indicative and the subjunctive

Complete the sentences with the correct indicative or subjunctive forms of the verbs in parentheses.

1. Creo que (conseguir) ______________ un trabajo para el próximo mes.
2. No creo que mi novio ya (conseguir) ______________ empleo.
3. Estoy segura de que (poder) ______________ ser médica si (estudiar) ______________ mucho.
4. No estoy seguro de que tu hermano (solicitar) ______________ una beca porque (querer) ______________ viajar y conocer el mundo.
5. Mi consejera me recomienda que (averiguar) ______________ qué cursos se ofrecen.
6. No creo que mi prima (ir) ______________ a trabajar esta mañana.

3. Mi prima Adela

Practicing **por** *and* **para**

Complete the paragraph with *por* or *para*.

Mi prima Adela tiene aptitudes _______ ser periodista porque es buena _______ los idiomas y le gusta mucho viajar. Tiene que levantarse muy temprano porque a las seis sale _______ la escuela. Su padre no puede trabajar _______ enfermedad y mi prima, además de estudiar, trabaja _______ ayudar a su familia y _______ ahorrar dinero. Ella ya ha trabajado _______ un periódico durante las vacaciones de verano. Pero _______ sus padres, lo más importante es que vaya a la universidad. Ha conseguido una beca _______ sus buenas notas y _______ eso, el verano próximo, ella irá a Venezuela _______ practicar español. Va a estar allí _______ dos meses y viajará _______ todo el país. Yo me alegro mucho _______ ella, porque es mi prima favorita.

4. Otras fronteras

Reading comprehension

Based on what you have read, answer the following questions.

1. ¿Cuál es el objetivo principal de la Academia de Fútbol Tahuichi?

Sacar a los chicos de las calles y darles una educación.

2. ¿Quién dirige normalmente las "escuelitas de fútbol" en Argentina?

____

3. ¿Qué se puede ver en el Museo que fundó Carlos Blanco?

____

4. ¿Qué aprendió Carlos Blanco de las comunidades indígenas en Latinoamérica?

____

5. ¿De qué habla el poema del poeta salvadoreño Roque Dalton?

____

NOMBRE ______________________________ FECHA __________

RESUMEN

1. Organizando lo que has aprendido

Summarizing what you have learned

Fill in the graphic organizer with words and expressions related to jobs and the future.

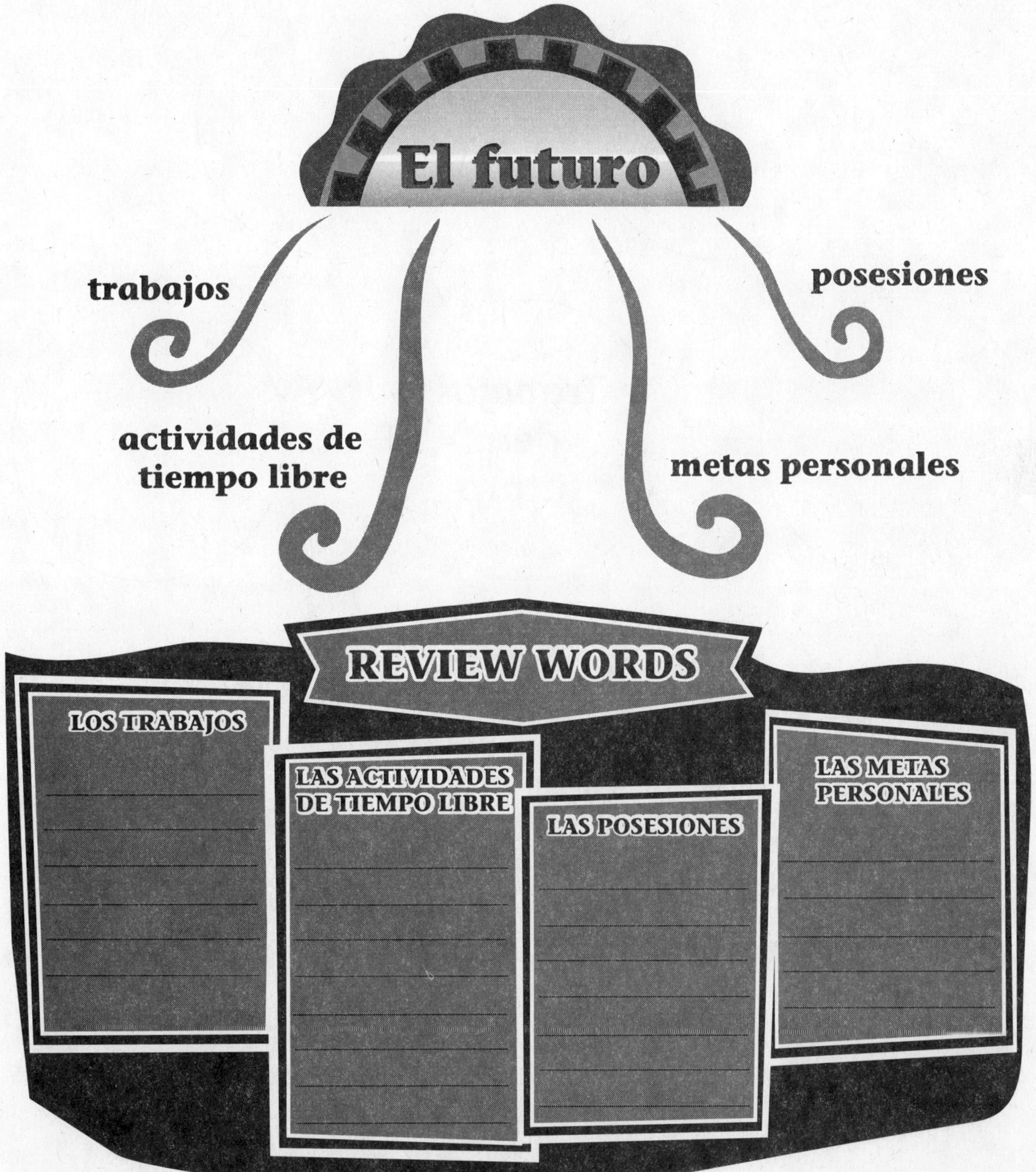

NOMBRE_________________________________ FECHA___________

2. Los trabajos del futuro

Summarizing what you have learned

Based on *Oficios del 2025*, fill in the circles with the names and brief descriptions of some of the jobs mentioned in the article.

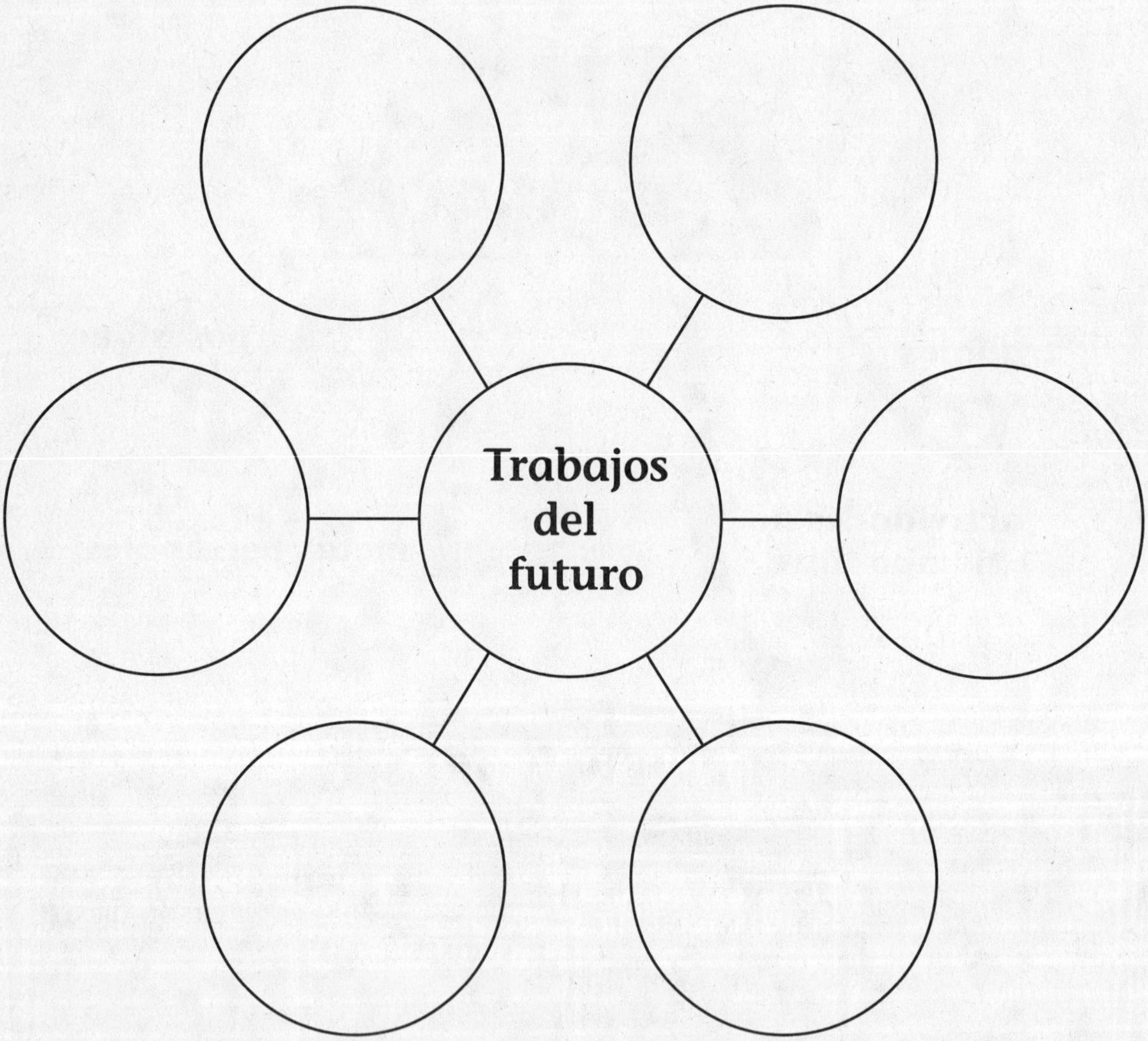

NOMBRE______________________________FECHA__________

¿QUÉ APRENDISTE?

1. Consejero vocacional

Self-test: personal interests, career choices, and the present subjunctive

Write the advice you would give these people about what to study.

1. A Rita le gusta ayudar a la gente y cuidar enfermos.

____

2. Juan Pablo sabe defender muy bien sus puntos de vista.

____

3. Malena repara todo en su casa y es muy ingeniosa para resolver problemas.

____

4. Augusto pasa todo el día pensando.

____

2. ¿Qué debemos hacer?

Self-test: uses of **por** *and* **para**

Complete the sentences with either *por* or *para*.

1. ______ encontrar trabajo, hay que buscar ______ todos lados.

2. ______ el frío, mi abuelo que vivía en Nueva York se fue ______ California.

3. Sigue ______ ese camino y "no pares ni ______ respirar".

4. Como trabajas de día, lo mejor ______ ti es estudiar ______ la noche.

3. Creo que...

Self-test: the indicative and the present perfect subjunctive

Complete the sentences, using the correct form of the verb in parentheses. Use either the indicative or the present perfect subjunctive.

1. Creo que mis hermanos no (saber) ________________ qué hacer. Dudo que ya (escoger) ________________ una profesión.

2. Creo que Tita (sacar) ________________ mala nota en el examen. Dudo que (estudiar) ________________ esta semana.

4. Tu futuro

Self-test: applying what you have learned

Write a dialog about your plans for the future. Then practice the dialog with your partner.

¿Ya has decidido qué quieres hacer en el futuro?

A. Ask your partner if he/she has already decided what he/she wants to do in the future.

B. Respond. Ask your partner what he/she would like to do.

A. Respond. Ask your partner what arrangements he/she has already made.

B. Respond. Ask your partner what his/her family advises.

A. Respond. Ask your partner the same question.

B. Respond.

NOMBRE ______________________________ FECHA __________

CAPÍTULO 6, GUÍA DE VIAJES

Conozcamos Colombia

1. Datos sobre Colombia

Reading comprehension

A. Answer the following questions about Colombia.

1. ¿Qué produce Colombia?

____

____

2. ¿Cuándo es la época seca en la costa colombiana?

____

____

3. ¿Cuáles son las tres ciudades colombianas más importantes en el Caribe?

____

____

4. ¿Qué ríos atraviesan Colombia?

____

B. Describe each dish, mentioning the ingredients.

1. Chocolate santafereño: ______________________________

2. Sancocho de pescado: ______________________________

3. Empanada de pipán: ______________________________

4. Cachuco: ______________________________

C. Name a tourist attraction in each city.

1. Cartagena ______________________________

2. San Agustín ______________________________

3. Bogotá ______________________________

NOMBRE ______________________________ FECHA __________

2. Proyecto

Creating a travel diary

You are traveling in Colombia, visiting the different cities and regions included in the *Guía de viajes*. Based on the information provided in your textbook, write a travel diary. Include pictures of the places you visited. Use the travel diary below as a model.

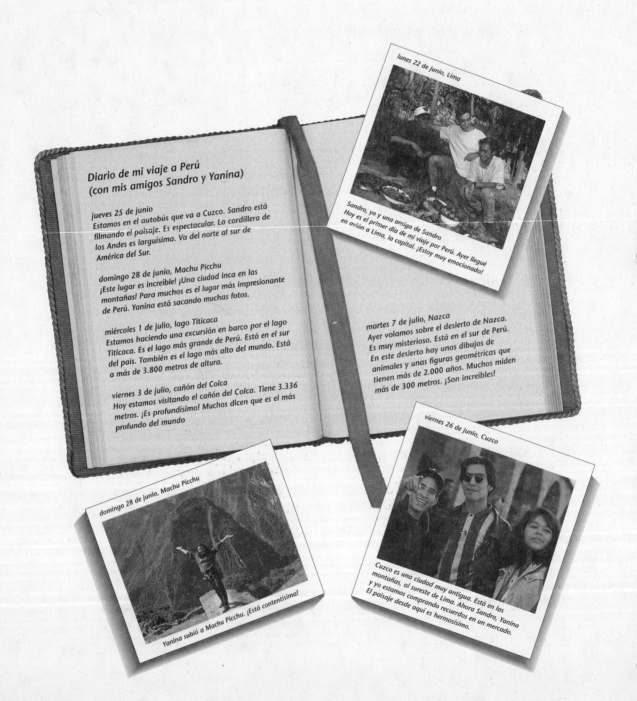

Diario de mi viaje a Perú (con mis amigos Sandro y Yanina)

jueves 25 de junio
Estamos en el autobús que va a Cuzco. Sandro está filmando el paisaje. Es espectacular. La cordillera de los Andes es larguísima. Va del norte al sur de América del Sur.

domingo 28 de junio, Machu Picchu
¡Este lugar es increíble! ¡Una ciudad inca en las montañas! Para muchos es el lugar más impresionante de Perú. Yanina está sacando muchas fotos.

miércoles 1 de julio, lago Titicaca
Estamos haciendo una excursión en barco por el lago Titicaca. Es el lago más grande de Perú. Está en el sur del país. También es el lago más alto del mundo. Está a más de 3.800 metros de altura.

viernes 3 de julio, cañón del Colca
Hoy estamos visitando el cañón del Colca. Tiene 3.336 metros. ¡Es profundísimo! Muchos dicen que es el más profundo del mundo

martes 7 de julio, Nazca
Ayer volamos sobre el desierto de Nazca. Es muy misterioso. Está en el sur de Perú. En este desierto hay unos dibujos de animales y unas figuras geométricas que tienen más de 2.000 años. Muchos miden más de 300 metros. ¡Son increíbles!

lunes 22 de junio, Lima

Sandro, yo y una amiga de Sandro
Hoy es el primer día de mi viaje por Perú. Ayer llegué en avión a Lima, la capital. ¡Estoy muy emocionado!

domingo 28 de junio, Machu Picchu

Yanina subió a Machu Picchu. ¡Está contentísima!

viernes 26 de junio, Cuzco

Cuzco es una ciudad muy antigua. Está en las montañas, al sureste de Lima. Ahora Sandro, Yanina y yo estamos comprando recuerdos en un mercado. El paisaje desde aquí es hermosísimo.

NOMBRE______________________________________ FECHA__________

CAPÍTULO 7, EL MEDIO AMBIENTE

CONVERSEMOS

¿Cuál es la solución?

Using new vocabulary

Answer the questions below and compare your answers with those of your classmates. Then, on a separate sheet of paper, summarize your findings. You may want to use some of these words: *algunos(as), nadie, la mayoría, todo el mundo, estar / no estar de acuerdo.*

◆ ¿Se reciclan los siguientes materiales en tu vecindario?

	Sí	No
el cartón	❑	❑
las latas	❑	❑
la madera	❑	❑
el papel	❑	❑
el plástico	❑	❑
el vidrio	❑	❑

2 ¿Qué te parece más urgente conservar y proteger?

	Más urgente	Menos urgente
la capa de ozono	❑	❑
las tierras pantanosas	❑	❑
los animales	❑	❑
los bosques	❑	❑
los ríos, mares y lagos	❑	❑

3 ¿Qué sugieres para reducir la contaminación del aire?

	Sí	No
¡Compartamos el coche para ir al trabajo!	❑	❑
¡Usemos coches eléctricos!	❑	❑
¡Evitemos el uso de aerosoles!	❑	❑
¡Utilicemos más el transporte público!	❑	❑

4 Si pudieras escoger, ¿qué fuentes de energía utilizarías?

	Utilizaría	No utilizaría
la energía eólica	❑	❑
la energía hidráulica	❑	❑
la energía nuclear	❑	❑
la energía solar	❑	❑

5 ¿Crees que tu país...

	Sí	No
está evitando los derrames de petróleo?	❑	❑
está desperdiciando agua?	❑	❑
está talando muchos árboles?	❑	❑
está reciclando lo suficiente?	❑	❑
está tratando de reducir la contaminación?	❑	❑
está salvando muchos animales en peligro de extinción?	❑	❑

NOMBRE______________________________________FECHA__________

REALIDADES

1. Proyectos para proteger el medio ambiente

Reading comprehension

Answer the following questions based on what you have read.

1. ¿Qué hace La Organización de Jóvenes Promotores de Turismo en Ecuador para proteger el medio ambiente?

____

____

2. Según la mayoría de los mexicanos que vieron la película *Mundo acuático*, ¿qué hay que hacer para tener más conciencia ecológica ?

____

3. ¿Cuál es la flor nacional de Costa Rica? ¿Qué tipo de flor es?

____

4. Según el 15% de los mexicanos que vieron la película *Mundo acuático,* ¿qué pasaría si no cuidáramos el medio ambiente?

____

2. Los jóvenes y la ecología

Applying your thinking skills

Choose the answer that best completes each sentence.

1. En la exposición "Los jóvenes, el medio ambiente y la ecología urbana", los estudiantes de La Paz presentan soluciones a problemas como..

   a. la pobreza **b.** el abuso de los derechos humanos **c.** la contaminación del agua

2. Los jóvenes de la Organización de Jóvenes Promotores de Turismo en Ecuador organizan programas de...

   a. ecoturismo **b.** estudio en el exterior **c.** música folklórica

3. El 11% de los mexicanos que vieron la película *Mundo acuático* piensa que para tener más conciencia ecológica, se debe...

   a. plantar más árboles **b.** trabajar en equipo **c.** castigar a quien contamine

4. La exposición "Los jóvenes, el medio ambiente y la ecología urbana" se organiza cada año en...

   a. Bolivia **b.** México **c.** Ecuador

NOMBRE ______________________________ FECHA ____________

PALABRAS EN ACCIÓN: VOCABULARIO

1. Qué se debe reciclar

Practicing vocabulary: recycling materials

List each item in the box under one of the three categories below.

bolsas de papel	huesos de pollo	revistas y periódicos
botellas de vidrio	latas de conserva	ropa usada
cajas de cartón	muebles viejos	sobras de comida
cáscaras de plátano	platos desechables	zapatos rotos

Se reciclan	Se pueden reciclar	No se reciclan
____________	____________	____________
____________	____________	____________
____________	____________	____________
____________	____________	____________

2. Problemas ambientales

Practicing vocabulary: environmental issues

Make a list of six environmental problems in your community. Then suggest a solution for each one.

Problemas	Soluciones
Se talan muchos árboles.	*Plantar más árboles.*
____________	____________
____________	____________
____________	____________
____________	____________
____________	____________
____________	____________
____________	____________
____________	____________

NOMBRE_________________________________FECHA__________

3. Protegiendo el medio ambiente

Practicing vocabulary: the environment

Find six items that can be recycled, two actions that are good for the environment, and one living thing that we should take care of.

L	E	P	A	P	L	A	N	V	R	F
M	P	V	M	B	A	H	X	I	E	B
A	A	C	A	R	T	O	N	D	C	O
D	A	R	E	D	A	M	T	R	I	N
E	E	D	E	R	S	T	F	I	C	R
P	L	A	N	T	A	R	D	O	L	G
A	P	L	A	S	T	I	C	O	A	W
A	R	B	O	L	S	B	Z	H	R	O

Write two sentences using words from the puzzle.

1. ____________________
____
____

2. ____________________
____
____

4. Conciencia ecológica

Practicing vocabulary: the environment

Complete the following sentences with words from the puzzle.

1. En general, se usa demasiado ________________, un material artificial que contamina el medio ambiente.

2. Las ________________ se deben poner en recipientes de reciclaje.

3. El ________________ de las botellas se usa para hacer botellas nuevas.

4. Algo bueno que se puede hacer para mejorar el medio ambiente es ________________ un ________________ en el jardín.

5. En la escuela se usa muchísimo ________________.

6. La ________________ viene de los árboles.

7. Las cajas de ________________ también se pueden ________________.

NOMBRE ______________________________ FECHA __________

PARA COMUNICARNOS MEJOR: GRAMÁTICA

The present progressive

- The present progressive is formed with the present tense of the verb ***estar*** followed by the present participle of the verb.
- The present participle of ***-ar*** verbs is formed by adding ***-ando*** to the stem. For ***-er*** and ***-ir*** verbs, add ***-iendo*** to the stem, unless the stem ends in a vowel. In that case, add ***-yendo*** to the stem.

1. ¿Qué estamos haciendo?

Practicing the present progressive

Answer the questions, using the present progressive of the verbs in parentheses.

1. ¿Que está haciendo Manolo? (reciclar)

Él está reciclando.

2. ¿Qué están haciendo ustedes? (recoger basura)

____

3. ¿Qué estás haciendo en la escuela? (aprender cómo conservar los bosques)

____

4. ¿Qué están haciendo los venezolanos? (reducir la contaminación)

____

2. Ahora estamos...

Practicing the present progressive

Complete the paragraph with the present progressive of the given verb.

Nosotros (estudiar) ________________ los efectos de la contaminación sobre el medio ambiente. (descubrir) ________________ que las fuentes de energía se pueden acabar. Los científicos (buscar) ________________ soluciones. Hoy, nosotros (ver) ________________ los efectos del agua contaminada sobre las plantas. (aprender) ________________ que si no cuidamos el planeta, desaparecerán los árboles. Hay que educar a la gente que (contaminar) ________________ el medio ambiente.

NOMBRE ______________________________ FECHA ____________

3. ¿Qué están haciendo?

Practicing the present progressive

Write sentences describing what these people are doing, using the present progressive.

1. (ustedes) ______________________

____

2. (el señor Ibáñez) ______________________

____

3. (mi hermano y yo) ______________________

____

4. (yo) ______________________

____

5. (los científicos) ______________________

____

____

6. (tú) ______________________

____

____

NOMBRE ______________________________ FECHA ____________

PARA COMUNICARNOS MEJOR: GRAMÁTICA

Nosotros(as) commands

- The ***nosotros(as)*** command of a verb is the same as the present subjunctive ***nosotros(as)*** form of the verb.

1. ¿Qué hacemos con esto?

Practicing **nosotros(as)** *commands*

Write sentences with *nosotros(as)* commands, suggesting what can be done with each item.

1. (una botella) Usémosla de florero.

2. (papel de periódico) ______________________________

3. (las latas de refrescos) ______________________________

4. (los papeles usados) ______________________________

5. (el agua) ______________________________

6. (la basura) ______________________________

2. Lo que debemos hacer

Practicing **nosotros(as)** *commands*

Complete the following sentences, using the *nosotros(as)* commands of the verbs in the box.

apagar	desperdiciar	plantar	recoger	tirar	usar

1. ________________ las luces antes de salir.

2. ________________ el transporte público.

3. No ________________ basura en las playas.

4. ________________ un árbol en el jardín.

5. No ________________ la energía.

6. ________________ los papeles que vemos en el suelo.

NOMBRE ______________________ FECHA __________

3. Letreros ecológicos

Practicing **nosotros(as)** *commands*

Look at the following four illustrations about ecological awareness. Write the appropriate message for each sign, using a *nosotros(as)* command. Then design your own signs, with appropriate pictures and messages, in the two spaces provided.

1. ¡Cuidemos el planeta!

2. ______________________

3. ______________________

4. ______________________

5. ______________________

6. ______________________

NOMBRE____FECHA_____________

PARA COMUNICARNOS MEJOR: GRAMÁTICA

The imperfect subjunctive and the conditional

- To talk about hypothetical circumstances use:

> ***si*** + imperfect subjunctive + conditional
> ***Si fuera alcalde de mi ciudad, trataría de reducir la contaminación.***

- To form the imperfect subjunctive, remove the ending ***-on*** from the ***Uds. / ellos / ellas*** form of the preterite and add the endings ***-a, -as, -a, -amos, -ais, -an.***

1. ¿Qué haría si...?

Practicing the imperfect subjunctive and the conditional

Complete the following sentences with the correct forms of the imperfect subjunctive and the conditional.

1. Si yo (tener) _tuviera_ tiempo, (limpiar) _limpiaría_ los parques.

2. Si ella (ser) ____________ mayor de edad, (votar) ____________ por un candidato ecológico.

3. Si mi padre (tener) ____________ tiempo, (ir) ____________ a Costa Rica a ver los bosques tropicales.

4. Si mis hermanos (ser) ____________ más responsables, no (gastar) ____________ tanta electricidad.

5. Si la gente (compartir) ____________ el coche, (haber) ____________ menos contaminación.

6. Si nosotros (usar) ____________ menos electricidad, no (agotar) ____________ las fuentes de energía.

7. Si tú (tener) ____________ un coche eléctrico, no (contaminar) ____________ tanto.

8. Si ustedes (pensar) ____________ en el medio ambiente, no (utilizar) ____________ vasos y platos de plástico.

NOMBRE_________________________________ FECHA____________

2. Si yo fuera...

Practicing the imperfect subjunctive and the conditional

The following pictures depict people in different situations. Write what you would do for the environment if you were each person.

1. Si yo fuera profesor(a), fomentaría la educación ambiental.

2. ______________________________

3. ______________________________

4. ______________________________

5. ______________________________

6. ______________________________

NOMBRE ______________________________ FECHA __________

ADELANTE

1. Una leyenda del Caribe

Reading comprehension

Based on the chronology of events in *La Creación*, complete the following sentences.

En el principio todo era oscuridad. No había vida. Sólo existía Atabei.

Durante mucho tiempo ______________________________

Finalmente, ______________________________

____

Entonces, ______________________________

____

Un día, ______________________________

Así ______________________________

Así ______________________________

2. *La Creación*

Applying your thinking skills

Answer the following questions.

1. ¿Qué tipo de texto es "La Creación"? ______________________________

2. ¿Cuál es la idea principal del texto? ______________________________

____

3. Otra leyenda

Applying what you have learned

In a few sentences, write about another legend that you know.

____

____

____

____

NOMBRE ______________________________ FECHA __________

TALLER DE ESCRITORES

El origen del mundo

Writing a legend

Write a legend about how the world began. Describe what it looked like in as much detail as possible, and what the environment was like. Then describe the arrival of humans and their effect on this environment. Try to find a moral or conclusion for your legend, which others could learn from in the future.

NOMBRE ______________________________ FECHA __________

REPASO

1. El medio ambiente y tú

Reviewing vocabulary: ecology

Write four things that can be recycled and four things that we should preserve and protect.

Materiales para reciclar: ____________

____

____

____

Lo que debemos conservar y proteger: ____________

____

____

____

2. ¿Qué estamos haciendo?

Reviewing the present progressive

Complete the following sentences, using the present progressive.

1. No sé si nuestro país (proteger) ____________ las zonas de reserva ecológica.
2. La profesora (enseñar) ____________ un curso sobre los taínos.
3. Los aerosoles (destruir) ____________ la capa de ozono.

3. Si las cosas fueran distintas...

Reviewing the imperfect subjunctive and the conditional

Complete the following sentences, using the imperfect subjunctive and the conditional.

1. Si yo (ser) ____________ director(a) de una fábrica de coches, (tomar) ____________ precauciones para reducir las emisiones de gases.
2. Si ella (poder) ____________ escoger, (utilizar) ____________ la energía solar.
3. Si nosotros (usar) ____________ coches eléctricos, (reducir) ____________ la contaminación del aire.
4. Si ellos (evitar) ____________ el uso de aerosoles, (ayudar) ____________ a proteger la capa de ozono.

4. ¡Hagámoslo!

Reviewing **nosotros(as)** *commands*

Complete the sentences with the appropriate *nosotros(as)* commands.

1. (hacer) ¡_______________ un esfuerzo para conservar energía!
2. (apagar) ¡_______________ las luces al salir de un cuarto!
3. (utilizar) ¡_______________ más el transporte público!
4. (evitar) ¡_______________ el uso de aerosoles!
5. (talar) ¡No _______________ los árboles!
6. (usar) ¡No _______________ mucho plástico!
7. (reciclar) ¡_______________ latas, papel y vidrio!
8. (proteger) ¡_______________ el medio ambiente!

5. Otras fronteras

Reading comprehension

Based on what you have read, answer the following questions.

1. ¿Qué es lo característico de los animales y plantas de las islas Galápagos?

____

2. ¿Quién fue el primer científico que visitó las islas Galápagos? ¿Cuándo?

____

3. ¿Cuál es la principal característica del cóndor de los Andes?

____

4. ¿Cuántos años puede vivir un cóndor?

____

5. ¿Por qué está el cóndor en peligro de extinción?

____

6. ¿Cómo representa la pintura fantástica la naturaleza?

____

NOMBRE____FECHA______________

RESUMEN

1. Organizando lo que has aprendido

Summarizing what you have learned

Fill in the graphic organizer with words and expressions related to the environment.

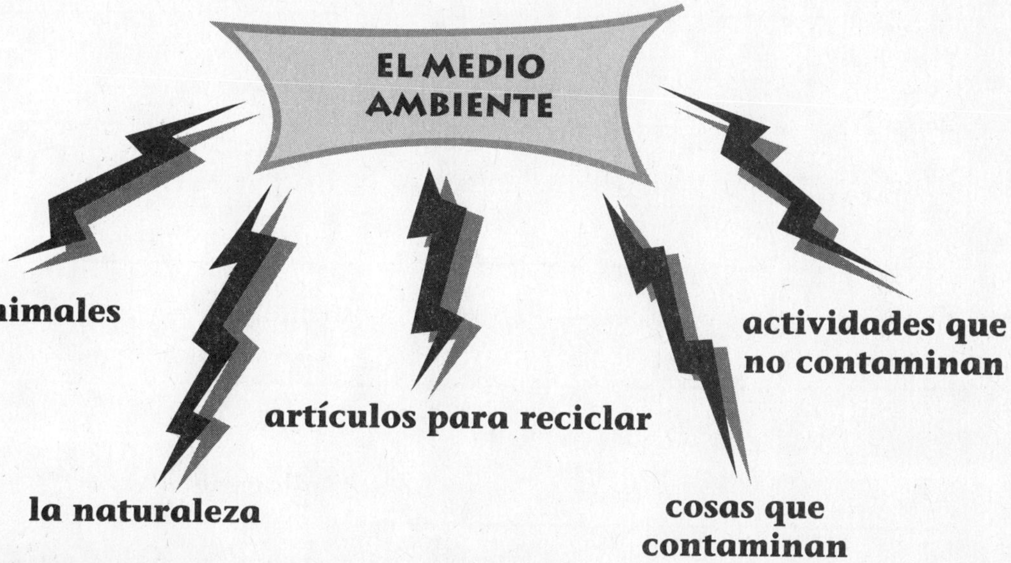

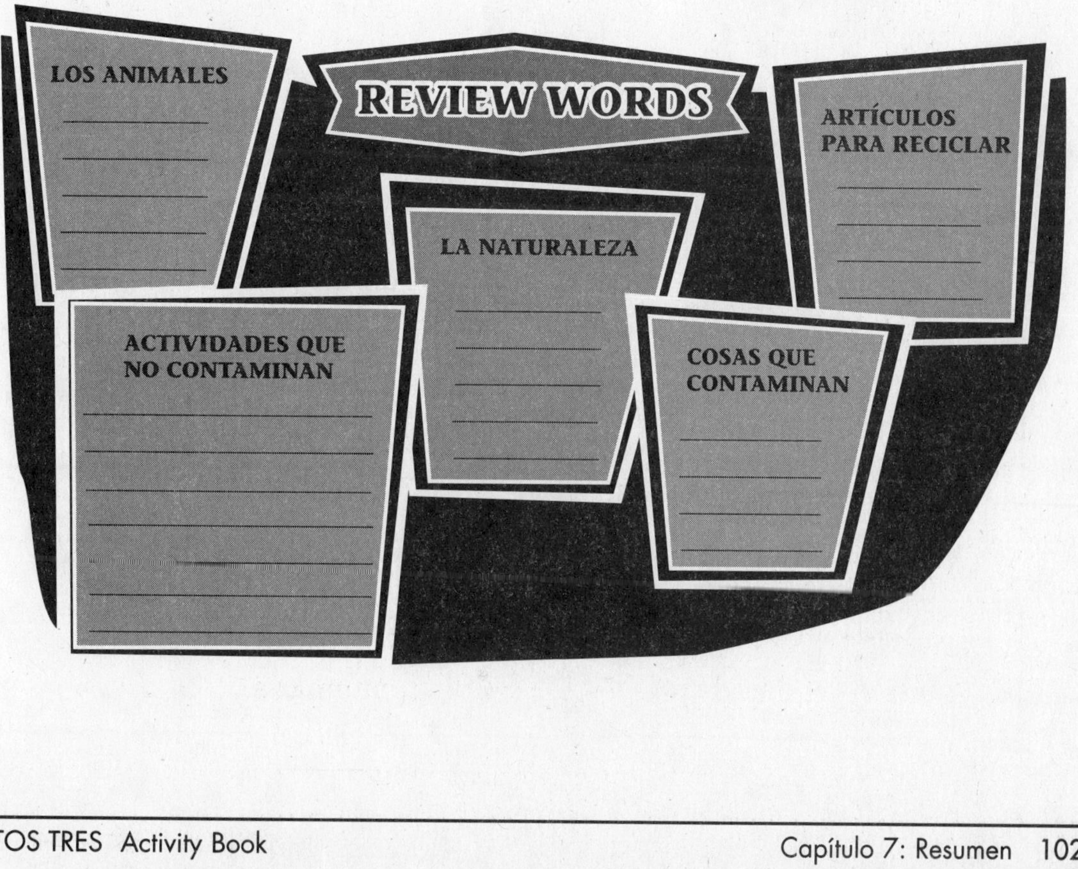

NOMBRE________________________________ FECHA__________

2. Secuencias

Writing a chronology of events

Used the graphic organizer below to summarize *Una leyenda del Caribe*, telling what happened in chronological order.

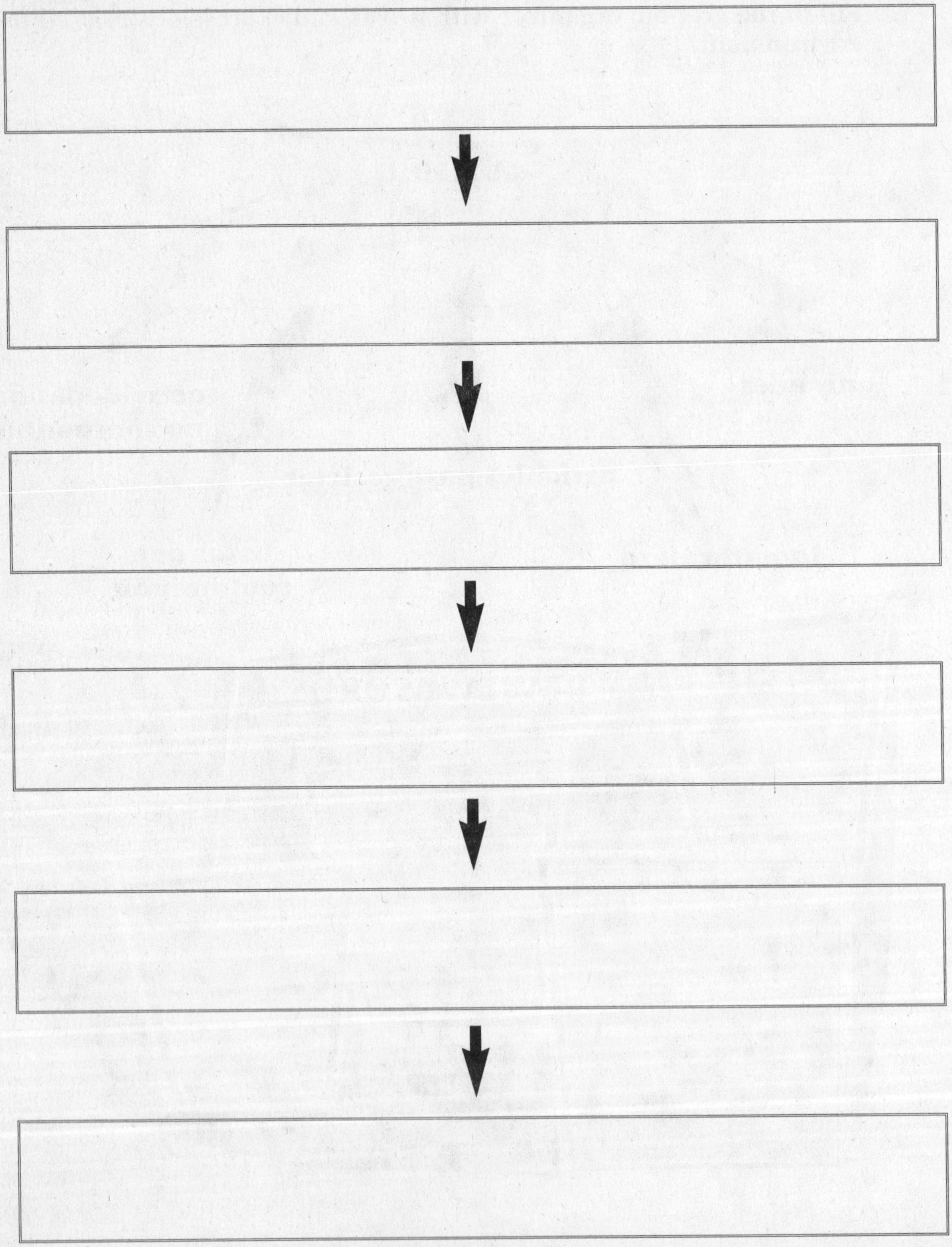

NOMBRE____________________ FECHA__________

¿QUÉ APRENDISTE?

1. Resolviendo los problemas ambientales

Self-test: environmental issues and **nosotros(as)** *commands*

Write solutions for the environmental problems below.

1. El agujero de la capa de ozono ____________________
2. La destrucción de bosques ____________________
3. La extinción de especies ____________________
4. La contaminación del aire ____________________
5. El ruido en las ciudades ____________________
6. El exceso de basura ____________________
7. La escasez de agua ____________________
8. Los derrames de petróleo ____________________

2. Si no protegiéramos el medio ambiente...

Self-test: the present progressive and the imperfect subjunctive

First, tell what is happening with each environmental issue below, using the subject in parentheses. Then tell what the result would be if it did not happen.

1. Talar árboles (los leñadores)

   Los leñadores están talando muchos árboles.

   Si ellos no talaran tantos árboles, el aire sería más puro.

2. Proteger las tortugas marinas (Costa Rica)

   ____

   ____

3. No reciclar el vidrio y el plástico (nosotros)

   ____

   ____

4. No usar el transporte público (tú)

   ____

   ____

NOMBRE ______________________ FECHA __________

3. El medio ambiente

Self-test: applying what you have learned

Write a dialog about the environment. Then practice the dialog with your partner.

¿Qué materiales se reciclan en tu vecindario?

A.
Ask your partner what materials are recycled in his/her neighborhood.

B.
Respond. Ask the same question.

A.
Respond. Ask what natural resources he/she thinks are the most important to conserve.

B.
Respond. Ask the same question.

A.
Respond. Ask what measures he/she suggests we take to reduce air pollution.

B.
Respond. Ask the same question.

A.
Respond.

Nombre______________________________ Fecha__________

Capítulo 7, Guía de viajes

Conozcamos Venezuela

1. Datos sobre Venezuela

Reading comprehension

A. Answer the questions about Venezuela.

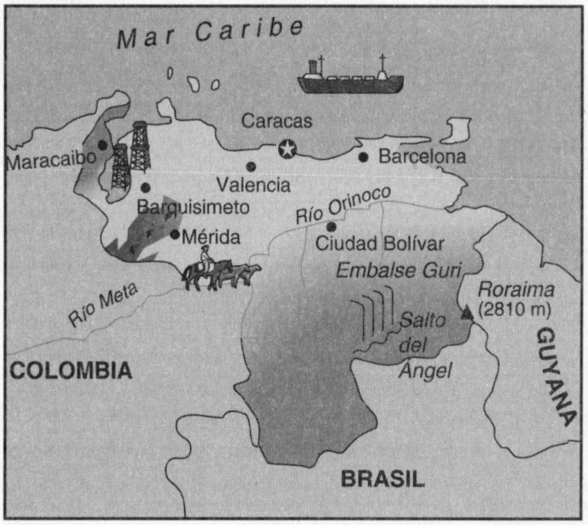

1. ¿Cómo es la geografía de Venezuela?

____
____
____

2. ¿Con qué países tiene frontera?

____
____
____

3. ¿Cuál es la capital y dónde está ubicada?

____
____

4. ¿Cuál es su moneda?

____

B. Name important events in Venezuelan history from these years.

1. 1498: ______________________________
2. 1810: ______________________________
3. 1821: ______________________________

C. Describe two unique tourist attractions of Venezuela.

1. Está en Mérida: ______________________________

____

2. Está en el estado de Bolívar: ______________________________

____

2. Proyecto

Writing a travel plan

Two of your friends are going to travel to Venezuela. One of them is interested in Venezuelan history and culture, and the other loves nature, sports, and adventure. Based on the *Guía de viajes*, help each of them plan a trip according to their personal preferences.

Para el interesado en la historia y la cultura de Venezuela:

____
____
____
____
____
____
____
____
____
____

Para el que ama la naturaleza, la aventura y los deportes:

____
____
____
____
____
____
____
____
____
____

NOMBRE________________________ FECHA__________

CAPÍTULO 8, LOS MEDIOS DE COMUNICACIÓN

CONVERSEMOS

¿Cómo te pones al día?

Using new vocabulary

Answer the questions below and compare your answers with those of your classmates. Then, on a separate sheet of paper, summarize your findings. You may want to use some of these words: *algunos(as), nadie, la mayoría, todo el mundo, estar / no estar de acuerdo, para nada* (not at all).

1 ¿Cómo supiste quién ganó el Oscar?

_____ Lo escuché por la radio.
_____ Lo leí en el periódico.
_____ Lo leí en una revista.
_____ Lo vi en la televisión.

2 De todas las secciones del periódico, ¿cuáles son las que lees más? ¿Y las que lees menos?

	Las que leo más	Las que leo menos
los anuncios	❑	❑
las crónicas sociales	❑	❑
los deportes	❑	❑
los espectáculos	❑	❑
las historietas	❑	❑
las noticias internacionales	❑	❑
las noticias nacionales	❑	❑
el tiempo	❑	❑

3 ¿Te interesan los siguientes tipos de revistas?

	Mucho	Para nada
científicas	❑	❑
de coches	❑	❑
de espectáculos	❑	❑
de historietas	❑	❑
de modas	❑	❑
de salud y ejercicio	❑	❑
deportivas	❑	❑

4 ¿Qué programa estabas viendo ayer a las nueve de la noche?

	Sí	No
un documental	❑	❑
un noticiero	❑	❑
una película	❑	❑
un programa de concursos	❑	❑
un programa deportivo	❑	❑
un programa musical	❑	❑
una serie	❑	❑
una telenovela	❑	❑

5 ¿Conoces a alguien que sea...?

	Sí	No
camarógrafo(a)	❑	❑
columnista	❑	❑
director(a)	❑	❑
editor(a)	❑	❑
fotógrafo(a)	❑	❑
locutor(a)	❑	❑
periodista	❑	❑
presentador(a)	❑	❑
productor(a)	❑	❑
reportero(a)	❑	❑
técnico(a) de sonido	❑	❑

NOMBRE ____________________ FECHA __________

REALIDADES

1. Periódicos y revistas electrónicos

Reading comprehension

Answer the following questions based on what you have read.

1. ¿De dónde es el periódico *La Vanguardia*?

____

2. ¿En qué página de *La Vanguardia* están los titulares deportivos?

____

3. ¿En dónde ofrecen servicios especiales muchos periódicos?

____

4. ¿Cómo se llama uno de los periódicos de Costa Rica?

____

5. ¿Qué es *Caretas*?

____

6. ¿A qué medio de comunicación dedican menos tiempo los jóvenes de Colombia?

____

2. Los jóvenes y los medios de comunicación

Applying your thinking skills

Circle the answer that best completes each sentence.

1. Para acceder a un periódico electrónico necesitas una...
a. radio **b.** televisión **c.** computadora

2. Los periódicos electrónicos pueden organizar concursos con sus...
a. amigos **b.** lectores **c.** empleados

3. Para dejar un mensaje en el buzón electrónico necesitas...
a. la dirección **b.** el número de teléfono **c.** el nombre

4. Muchos jóvenes de Latinoamérica leen las secciones deportivas de...
a. las revistas **b.** los periódicos **c.** la televisión

5. Los jóvenes colombianos dedican más tiempo a... que a los periódicos.
a. los libros **b.** los deportes **c.** la televisión

6. Muchos periódicos electrónicos organizan... entre sus lectores.
a. cartas **b.** mensajes **c.** concursos

NOMBRE_______________________________________ FECHA____________

PALABRAS EN ACCIÓN: VOCABULARIO

1. Temas y revistas

Practicing vocabulary: types of magazines

Write what type of magazine each one is.

La ciencia al día

MUJER MODERNA

Fantástica, la supermujer

Coches del 2000

GIMNASIO

CINE Y ARTISTAS

1. ____________________
2. ____________________
3. ____________________
4. ____________________
5. ____________________
6. ____________________

2. ¿Cómo te sirve cada medio de comunicación?

Practicing vocabulary: media

Match the items in the columns; then write a sentence with each pair.

cine	escuchar música
el espacio cibernético	ver películas
periódico	ver el noticiero
radio	leer la sección deportiva
televisión	buscar información

1. ____________________
2. ____________________
3. ____________________
4. ____________________
5. ____________________

NOMBRE ____________________________ FECHA __________

3. Los medios de comunicación

Practicing vocabulary: media

Search the puzzle for the following: three different media, three newspaper sections, a word meaning profession, something you find in a newspaper or a magazine, and something you can watch on TV.

H	I	S	T	O	R	I	E	T	A	S	D	A	D
A	I	O	K	T	P	E	L	I	C	U	L	A	R
R	R	L	R	X	Y	D	A	Q	T	R	B	S	E
T	D	E	T	E	L	E	V	I	S	I	O	N	V
I	U	C	R	Z	O	D	R	A	D	I	O	P	I
C	J	I	D	R	M	L	N	T	I	I	X	Y	S
U	A	S	I	S	A	M	O	D	A	S	D	Z	T
L	T	C	A	R	R	E	R	A	I	P	D	A	A
O	E	S	P	E	C	T	A	C	U	L	O	S	S

Write two sentences using words from the puzzle.

1. ____
____

2. ____
____

4. ¿Qué profesión tienen?

Practicing vocabulary: media professions

Read the following statements and identify each person's profession.

1. "Tengo que ir a sacar fotos del accidente". ____________________
2. "Este artículo sobre el maratón es muy corto". ____________________
3. "Desde Oaxaca, México, les informa Mario Llerena". ____________________
4. "Vamos a repetir la primera escena otra vez". ____________________
5. "Voy a escribir un artículo sobre los Oscar". ____________________
6. "Para contratar a esa actriz necesitamos más dinero". ____________________

NOMBRE ______________________ FECHA __________

PARA COMUNICARNOS MEJOR: GRAMÁTICA

The imperfect progressive

- To form the imperfect progressive of ***-ar, -er,*** and ***-ir*** verbs, use the imperfect of ***estar*** followed by the verb's present participle.
- Pronouns either are placed before the form of ***estar*** or are attached to the end of the present participle. Add an accent to the present participle, if necessary.

1. Estaban...

Practicing the imperfect progressive

Write what these people were doing last night at 8:00.

1. María / mirar una película
   María estaba mirando una película.
2. Carlos y yo / escuchar la radio
   ____
3. mis padres / vestirse para salir
   ____
4. tú / ducharse
   ____
5. yo / escuchar música
   ____

2. Ayer... cuando...

Practicing the imperfect progressive

Complete the paragraph, using the imperfect progressive.

Ayer yo (escuchar) estaba escuchando la radio cuando oí una noticia sobre un accidente. Los locutores (hablar) ______________ del aeropuerto de nuestra ciudad. Corrí al cuarto de mi hermana que (prepararse) ______________ para salir. Fuimos a la sala donde papá y mamá (ver) ______________ las noticias en la televisión. La reportera (hablar) ______________ del mismo avión en que mis abuelos (viajar) ______________ a Florida; afortunadamente no hubo víctimas. Cuando mamá pudo hablar con mis abuelos, ellos le dijeron que (esperar) ______________ otro avión para salir.

3. ¿Qué estaban haciendo?

Practicing the imperfect progressive

Write what these people were doing at the given time, using the schedule below for cues.

8:30 - 9:00	Leer el correo electrónico.
9:00 - 9:30	Desayunar con la familia.
10:00 - 11:30	Jugar un partido de béisbol en el parque.
12:00 - 1:00	Almorzar con amigos en el restaurante.
1:30 - 3:00	Leer el libro de historia.

1. 8:30 (él) Él estaba leyendo el correo electrónico.

2. 9:00 (tú) ____________________

3. 10:00 (yo) ____________________

4. 11:00 (nosotros) ____________________

5. 12:00 (Pablo) ____________________

6. 1:30 (mis amigos) ____________________

4. Estabas escuchándola

Practicing pronoun placement and the imperfect progressive

Write two sentences for each set of information below, using the imperfect progressive and direct object pronouns.

1. Nosotros / escuchar la radio

Nosotros la estábamos escuchando. Estábamos escuchándola.

2. Yo / leer las crónicas sociales

____

3. tú / ver el documental

____

4. la locutora / dar las noticias

____

5. Cristina / entrevistar a nosotros

____

6. ellos / usar el Internet

____

NOMBRE____FECHA____________

PARA COMUNICARNOS MEJOR: GRAMÁTICA

Verbs that change meaning in the preterite

- Some verbs—such as, ***conocer, poder, querer***, and ***saber***—can have different meanings when used in the preterite.

Yo conozco a Lourdes.	***I know Lourdes.***
Yo conocí a Lourdes.	***I met Lourdes.***

- ***Poder, querer,*** and ***saber*** have irregular stems in the preterite.

Verbs			
	PRETERITE STEM	PRETERITE ENDINGS	
poder	pud-	e	imos
querer	quis-	iste	isteis
saber	sup-	o	ieron

1. Una noticia

Practicing verbs that change meaning in the preterite

Complete the paragraph with the preterite of the verbs in parentheses.

Anoche (saberse) _______________ que el cómico norteamericano George Burns murió a la edad de 100 años. Muchas personas no (poder) _______________ asistir al funeral. La familia (no querer) _______________ dar más detalles, pero (saberse) _______________ que el Sr. Burns estaba enfermo desde hacía varios meses. Su mejor amigo nos dijo que lo (conocer) _______________ durante un espectáculo, pero (no querer) _______________ decir nada más.

2. Lo supe...

Practicing verbs that change meaning in the preterite

Answer the following questions.

1. ¿Cómo supiste que había un concierto?

____

2. ¿Quiso ir al teatro tu hermano?

____

3. ¿Supieron ustedes que Marta dio una fiesta sorpresa?

____

4. ¿Por qué no quisiste bailar en la discoteca?

____

NOMBRE ______________________________ FECHA __________

3. ¿Qué pasó?

Practicing verbs that change meaning in the preterite

Complete the following sentences with the preterite of the verbs in parentheses.

1. (saber) Anoche supimos quién ganó el Oscar.

2. (no querer) El sábado pasado mis primos nosotros ______________________________

3. (conocer) La semana pasada Luis ______________________________

4. (no querer) Ayer Rita ______________________________

5. (no poder) El martes Pepito ______________________________

6. (poder) Ayer Tony tenía dolor de cabeza, pero ______________________________

NOMBRE ______________________ FECHA __________

PARA COMUNICARNOS MEJOR: GRAMÁTICA

Nominalization

- Instead of repeating a noun, you can use an article with an adjective, an article followed by ***de*** and a noun, or an article followed by ***que*** and a clause.

1. ¿Cuál te gusta?

Practicing nominalization

Answer the following questions, using nominalization.

1. ¿Qué revistas te gustan más, las de modas o las científicas?
   Me gustan más las de modas.
2. ¿Lees periódicos internacionales?
   ____
3. ¿Te gustó la película que viste ayer?
   ____
4. ¿Qué programas de televisión prefieres?
   ____

2. Cada una es diferente

Practicing nominalization

Express your opinion about these types of magazines, using nominalization.

1. Da más información sobre espectáculos. La que da más información sobre los espectáculos es ¡Bravo! porque tiene artículos, críticas y fotos.
2. Es más aburrida. ______________________
3. Se identifica mejor con los jóvenes. ______________________
4. Es más interesante. ______________________
5. Tiene más noticias locales. ______________________

NOMBRE______________________________ FECHA__________

3. Haciendo una encuesta

Practicing nominalization

A local newspaper wants to know which sections and articles from last Sunday's paper its readers preferred. Use nominalization to tell how you and your family responded.

Periódico *La noticia*

Contenido:

Noticias internacionales		**Tecnología**	
Artículo	El comercio entre Japón y América Latina	*Artículo*	La nueva tecnología
Noticias nacionales		**Deportes**	
Artículo	Calle cerrada	*Artículo*	Los ganadores del mundial
Artículo	Gran incendio	*Artículo*	Gran partido de béisbol
Modas		**Historietas**	
Artículo	Modas de otoño	**Crónica social**	
Artículo	Zapatos nuevos	**Espectáculos**	

Prefiero la sección de deportes.

Prefiero el artículo sobre las modas de otoño.

Prefiero la sección de historietas.

1. (yo) ______________________
____

2. (mi hermana) ______________
____
____

3. (mi hermano pequeño)
____
____

Prefiero la sección de noticias internacionales.

Prefiero el artículo que se llama *La nueva tecnología.*

Prefiero las secciones de espectáculos.

4. (mi madre)______________
____
____

5. (mi padre) ______________
____
____

6. (la abuela) ______________
____
____

NOMBRE ______________________________ FECHA __________

ADELANTE

1. ¿En qué orden?

Reading comprehension

Number the events in the order in which they occur in *Los últimos días de "La Prensa"*.

____ **a.** El jefe de talleres señaló al autor del artículo.
____ **b.** Patty estaba indignada por la publicación del artículo.
____ **c.** Despiden del periódico al autor del artículo.
____ **d.** Diego se levantó de la cama.
____ **e.** Los reporteros discuten si fue justo publicar la noticia o no.
____ **f.** Diego leyó la noticia policial más importante.
____ **g.** Patty llamó al jefe de talleres y le dijo que subiese a la redacción.

2. ¿Cierto o falso?

Reading comprehension

Tell whether the following statements are *cierto* or *falso*. Correct any false statements.

1. Héctor Perochena y Perochena no es muy conocido.

____

2. El reportero de locales está de acuerdo con Patty.

____

3. Vicky Pelayo cree que su primera obligación es hacia *La Prensa*.

____

4. Alberto Rivarola es el jefe de talleres.

____

3. Sobre las novelas realistas

Reading comprehension

Answer the questions based on what you have read.

1. ¿Cómo narra las situaciones la novela realista?

____

____

2. ¿Qué otros autores han usado el estilo realista?

____

____

3. ¿Qué otro trabajo ha tenido el escritor peruano Jaime Bayly?

____

____

NOMBRE____________________________________FECHA__________

TALLER DE ESCRITORES

1. El Internet

Writing about the media

On separate sheets of paper, first create an Internet home page; then write a questionnaire for that Internet site, asking for young people's opinions about media. Provide answer choices as well.

2. ¡Tu sección!

Writing an article

The writers of your local newspaper are sick, and their articles must be written today. Choose the section you prefer and write a short article for it. Try to use the imperfect progressive and verbs that change meaning in the preterite as much as possible.

____

____

____

____

____

____

____

____

____

____

NOMBRE ______________________ FECHA __________

REPASO

1. En el periódico

Reviewing vocabulary: newspaper sections

Make a list of sections in a newspaper. Then use nominalization to say which sections you read most and least often.

la sección de deportes

____

____

Leo más ______________________

Leo menos ______________________

2. ¿Qué programa estaba viendo?

Reviewing vocabulary and the imperfect progressive

Write what you and your family were watching on TV last week.

El lunes, *yo estaba viendo un programa musical.*

El martes, ______________________

El miércoles, ______________________

El jueves, ______________________

El viernes, ______________________

El sábado, ______________________

El domingo, ______________________

3. ¿Dónde pueden trabajar?

Reviewing vocabulary: media and professions

Write what media these people can work in.

televisión	cine	revistas	Internet	radio	periódicos

1. Los camarógrafos: ______________________

2. Los columnistas: ______________________

3. Los directores: ______________________

4. Los fotógrafos: ______________________

5. Los reporteros: ______________________

NOMBRE ______________________ FECHA __________

4. Preguntas

Reviewing what you have learned

Answer the following questions.

1. ¿Qué estabas haciendo cuando sonó el teléfono?

2. ¿Cómo supiste lo del accidente?

3. ¿Cuándo conocieron ustedes al reportero?

4. ¿Te gustan los cuentos cómicos?

5. ¿Qué estaba haciendo tu hermano antes del terremoto?

6. ¿Dónde conociste a tu mejor amigo?

5. Otras fronteras

Reading comprehension

Answer the questions based on what you have read.

1. ¿Quién es Antonio Muntades?

2. ¿Qué reflejan las historietas? Nombra una historieta hispana.

3. ¿Qué usan hoy en día los artistas en sus obras?

4. ¿Qué han hecho Argentina, Bolivia, Chile, Ecuador, Perú y Venezuela para tener mejor comunicación por teléfono?

5. ¿Qué medios de comunicación pueden ayudarte a conocer las culturas hispanas en donde tú vives?

NOMBRE______________________________________ FECHA____________

RESUMEN

1. Organizando lo que has aprendido

Summarizing what you have learned

Fill in the graphic organizer with words and expressions related to media and the news.

eventos

gente en las noticias

tus reacciones

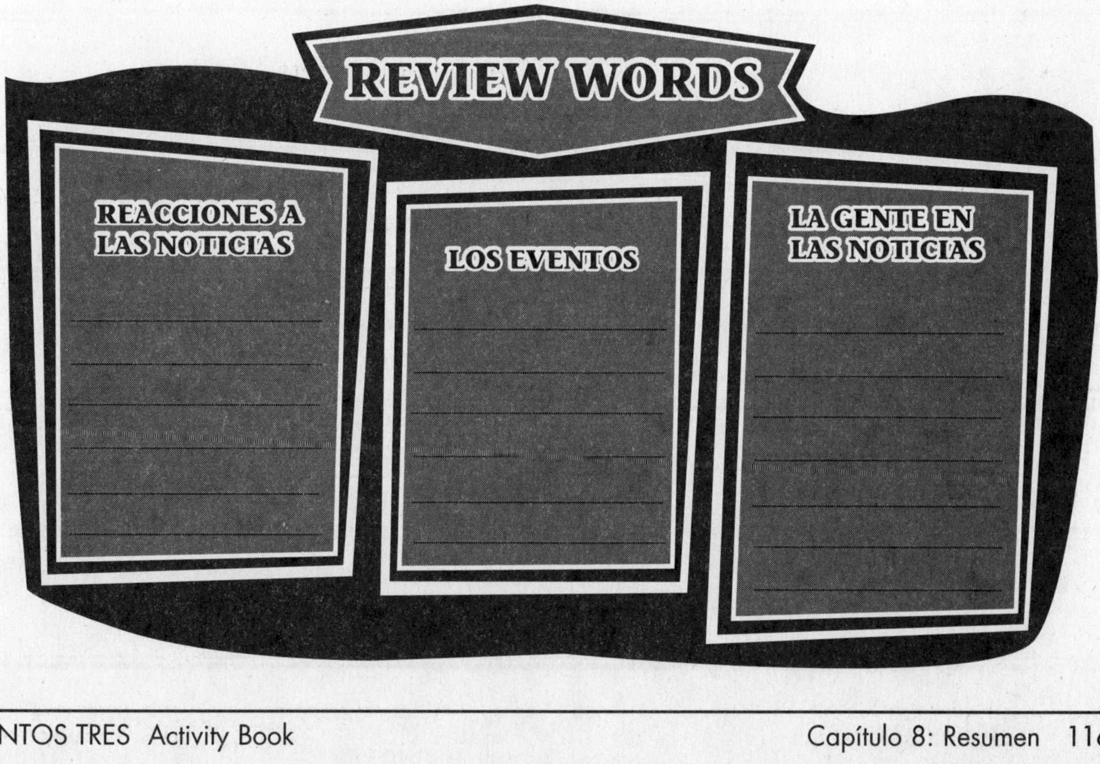

NOMBRE ______________________________ FECHA __________

2. ¿Qué pasó?

Summarizing a story and establishing chronology

Use the graphic organizer below to summarize *Los últimos días de "La Prensa"* and establish a chronology of events. Be sure to identify which characters do or say something and when they do it.

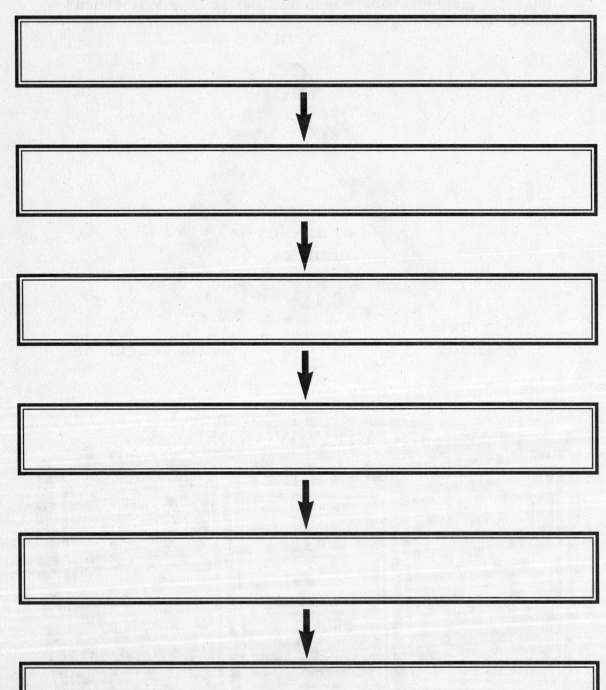

NOMBRE ____________________ FECHA ____________

¿QUÉ APRENDISTE?

1. Poniéndose al día

Self-test: vocabulary and nominalization

Answer the following questions about the media. Avoid repeating the noun mentioned in the question.

1. ¿En qué sección del periodico te enteraste de qué película ganó el Oscar?

____

2. Arturo es un fanático del fútbol, el baloncesto, el béisbol y el fútbol americano. ¿Qué programas de televisión crees que le gustan?

____

3. ¿Qué revistas le interesan a tu tío, el profesor de física?

____

4. Un reportero es el que informa sobre un hecho importante. ¿Qué es un locutor?

____

2. De pronto

Self-test: the imperfect progressive and verbs that change meaning in the preterite

Write sentences about the following events, as you would tell someone about them after they happened.

1. Lees el periódico en el parque. De pronto, Gloria Estefan se acerca y te dice: "Hola, soy Gloria Estefan. Mucho gusto".

____

____

2. Tu amigo ve el noticiero. De pronto, su mamá entra en la habitación y le dice: "¡Has ganado la lotería!".

____

3. Tus padres ven su programa favorito. Tú quieres cambiar el canal para ver una película, pero ellos no quieren.

____

____

4. Ustedes quieren hablar con el director de la telenovela, pero él está muy ocupado grabando un nuevo capítulo.

____

____

NOMBRE ______________________________ FECHA __________

3. Las noticias y los medios de comunicación

Self-test: applying what you have learned

Write a dialog about the news and the media. Then practice the dialog with your partner.

¿Cómo supiste quién ganó el Oscar?

A. Ask your partner how he/she found out about a news item.

B. Respond. Ask the same question.

A. Respond. Ask what parts of the newspaper your partner reads.

B. Respond. Ask the same question.

A. Respond. Ask if he/she also likes to read magazines.

B. Respond.

NOMBRE ______________________________ FECHA ____________

CAPÍTULO 8, GUÍA DE VIAJES
Conozcamos Perú

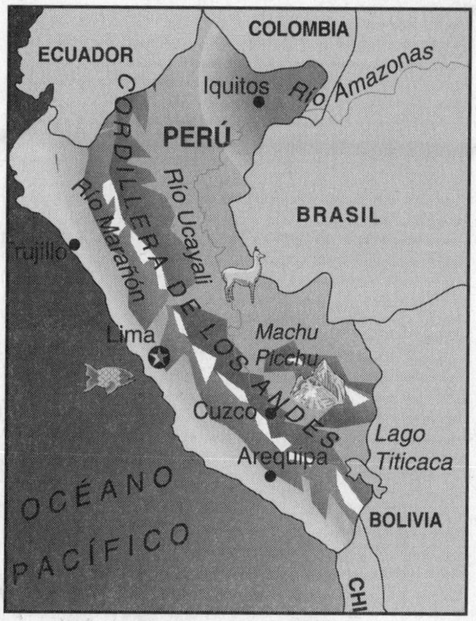

1. Datos sobre Perú
Reading comprehension

A. Answer the following questions about Peru.

1. ¿Qué cordillera atraviesa el país?

____

____

2. ¿Cómo se llama y dónde está el lago más grande?

____

3. ¿Qué río importante nace en territorio peruano?

____

4. ¿Cuál es la moneda peruana?

____

B. Write when and where these celebrations take place in Peru.

Fiesta	*Fecha*	*Lugar*
Fiesta del Inti Raymi	________	________
Fiesta de la Primavera	________	________
Festival Internacional de la Vendimia	________	________

C. Describe these Peruvian dishes, and explain why each is unique.

Ceviche

____

____

Anticuchos

____

____

Pachamanca

____

____

2. Proyecto

Writing a travel article

You are a columnist for a travel magazine and have been assigned an article about Peru. Based on the information provided in the *Guía de viajes*, and any other information you can gather, write an article highlighting what you think are the most interesting Peruvian tourist attractions. Remember the following:

- Choose a catchy title for the article.
- Include photos and write captions for them.

Use the article below as an example.

EL CAMINO DEL INCA

Los Andes es la cordillera más impresionante y más importante de América del Sur. Está situada al oeste del continente y es larguísima: va desde Colombia, en el norte, hasta casi el Polo Sur. En los Andes hay montañas altísimas. No tienes miedo a las alturas, ¿verdad?

Uno de los lugares más populares para hacer caminatas en los Andes es el Camino del Inca. Este camino fue construido por los Incas hace más de 500 años. Empieza en el valle del río Urubamba y termina en las famosas ruinas de la ciudad de Machu Picchu.

A lo largo del camino hay otras ruinas con nombres en quechua, el idioma de los incas, como Sayajmarka ("la ciudad dominante") y Puyapatamarka ("la ciudad de las nubes"). El camino cruza pasos de montaña muy elevados, como el Intipunku ("puerta del sol") o el Warmiwañusca ("paso de la mujer muerta"). En otros lugares, el camino desciende hasta las selvas tropicales.

El Camino del Inca es fascinante, pero también es muy difícil. Para completar los 33 kilometros, necesitas entre tres y cinco días, pero sobre todo,... ¡estar en buena forma! ¿Te atreves a hacerlo?

NOMBRE____ FECHA______________

CAPÍTULO 9, LOS ESPECTÁCULOS

CONVERSEMOS

¿Cine, música, danza o teatro?

Using new vocabulary

Answer the questions below and compare your answers with those of your classmates. Then, on a separate sheet of paper, summarize your findings. You may want to use some of these words: *algunos(as), nadie, la mayoría, todo el mundo, estar / no estar de acuerdo.*

1 ¿Con qué frecuencia vas a los siguientes espectáculos?

	A menudo	A veces	Nunca
cine	❑	❑	❑
circo	❑	❑	❑
danza	❑	❑	❑
música	❑	❑	❑
teatro	❑	❑	❑

2 ¿Qué es lo que más te gusta de una película?

	Más	Regular	Menos
la ambientación	❑	❑	❑
los decorados	❑	❑	❑
la dirección	❑	❑	❑
los efectos especiales	❑	❑	❑
el elenco	❑	❑	❑
la fotografía	❑	❑	❑
el guión	❑	❑	❑
la interpretación	❑	❑	❑
el maquillaje	❑	❑	❑
el vestuario	❑	❑	❑

3 ¿Qué tipo de película te recomendaron que vieras?

	Sí	No
de acción	❑	❑
de ciencia ficción	❑	❑
comedia	❑	❑
de dibujos animados	❑	❑
drama	❑	❑
histórica / biográfica	❑	❑
musical	❑	❑
policíaca	❑	❑
de suspense	❑	❑
de terror	❑	❑

4 Cuando escuchas música, ¿qué es lo que más te atrae?

	Lo que más me atrae	Lo que menos me atrae
el arreglo instrumental	❑	❑
la letra	❑	❑
la melodía	❑	❑
el ritmo	❑	❑
la voz	❑	❑

5 ¿Conoces a alguien que tome clases de...?

	Sí	No
ballet	❑	❑
claqué	❑	❑
danza folklórica	❑	❑
danza moderna	❑	❑

6 La última obra de teatro que viste fue...

	Sí	No
una comedia	❑	❑
un musical	❑	❑
una tragedia	❑	❑
una obra de vanguardia	❑	❑

NOMBRE____FECHA______________

REALIDADES

1. Los espectáculos en América del Sur

Reading comprehension

Answer the following questions based on what you have read.

1. ¿Por qué le atrae el teatro a la joven de Puerto Rico?

____

____

2. ¿Qué tipo de películas prefieren los jóvenes de Santiago de Chile?

____

3. ¿Cuáles son los dos espectáculos más populares entre los jóvenes argentinos?

____

____

4. ¿Cuáles son los carnavales más famosos de los países de habla hispana?

____

____

5. ¿Qué es una peña?

____

____

2. Los jóvenes y los espectáculos

Applying your thinking skills

Circle the answer that best completes each sentence.

1. Solamente el 1,6% de los jóvenes chilenos prefieren las películas de...

a. acción **b.** ciencia ficción **c.** dibujos animados

2. En Latinoamérica, es común que las escuelas tengan...

a. un grupo de teatro **b.** una orquesta **c.** un grupo de ballet

3. El 28,4% de los jóvenes argentinos ha ido a ver... en el último año.

a. una película **b.** una ópera **c.** un museo o galería

4. El 35,4% de los jóvenes de Buenos Aires fueron a... en el último año.

a. museos y galerías **b.** peñas **c.** conciertos de rock

NOMBRE______________________________ FECHA__________

PALABRAS EN ACCIÓN: VOCABULARIO

1. Dos anuncios

Practicing vocabulary: types of theater and dance

Read the ads and answer the following questions.

> Escuela de Teatro Córdoba
> Con 40 años de experiencia preparando actores para teatro clásico y de vanguardia.
> Durango no. 321

> ESTUDIO
> ESPACIO ABIERTO
> Para gente interesada en:
> danza moderna y claqué
> teatro musical
> comedia
> Héroes no. 235
> Tel. 597-0015

1. ¿Dónde preparan actores para teatro?
____
2. ¿Es una escuela nueva?
____
3. ¿Qué enseñan?
____
4. ¿Dónde dan clases de claqué?
____
5. ¿Dónde está?
____
6. ¿En qué se interesan las personas que van al Estudio Espacio Abierto?
____

2. Sobre los anuncios

Practicing vocabulary: theater and dance

Choose one of the ads above and write a dialog, in which you discuss the ad with a friend.

— ______________________________
— ______________________________
— ______________________________
— ______________________________
— ______________________________
— ______________________________

3. Palabras y más palabras

Practicing vocabulary: the performing arts

Search the puzzle for seven words related to the chapter vocabulary.

E	D	E	S	O	C	C	I	T	A	N	O
C	E	A	S	E	O	N	D	I	N	A	L
V	C	L	V	O	M	E	L	O	D	I	A
E	O	A	E	S	E	T	R	E	T	I	O
L	R	X	S	E	D	A	N	T	E	S	R
E	A	A	T	R	I	T	M	O	Z	A	S
T	D	A	U	S	A	N	I	N	F	A	S
A	O	V	A	N	G	U	A	R	D	I	A
A	S	I	R	R	E	N	O	L	U	Z	I
E	S	A	I	D	A	N	Z	A	C	O	O
O	R	E	O	A	N	I	M	A	E	T	N

Write two sentences using words from the puzzle.

1. ______________________________
____
____

2. ______________________________
____
____

Now complete the following sentences with the words from the puzzle.

1. Para bailar, se necesita música con buen ____________.
2. Algunas personas prefieren la ____________, y otras prefieren el teatro de ____________.
3. Los ____________ hacen más interesante una obra de teatro.
4. Las canciones que tienen una linda ____________ son fáciles de recordar.
5. A veces es bueno ir a ver una ____________ para reírse un poco.
6. Lo mejor de la película fue el ____________.

4. ¿Qué es?

Practicing vocabulary: the performing arts

Write a brief definition of each word.

1. guión ______________________________
2. maquillaje ______________________________
3. ciencia ficción ______________________________
4. elenco ______________________________
5. interpretación ______________________________
6. musical ______________________________

NOMBRE_______________________________________FECHA____________

PARA COMUNICARNOS MEJOR: GRAMÁTICA

The subjunctive

- Use the subjunctive after indefinite expressions to indicate that you do not know if a certain person or thing exists. Compare the following pairs of sentences.

Se buscan personas que sepan bailar. ***We are looking for people who know how to dance.***

En mi escuela hay un chico que sabe bailar. ***In my school there is a boy who knows how to dance.***

- Also use the subjunctive after negative expressions. Compare:

No conozco a nadie que tenga una bicicleta.

Ayer conocí a una chica que tiene una bicicleta.

1. ¿Hay alguien...?

Practicing the subjunctive

Complete the questions, using the subjunctive.

1. ¿Conoces a alguien que (saber) __________ bailar el vals?

2. ¿Hay alguien en tu clase que (querer) __________ ir al cine este sábado?

3. ¿Hay alguien que (conocer) __________ la mejor discoteca de Madrid?

4. ¿Conoces a alguien a quien le (gustar) __________ el flamenco?

5. ¿Hay alguien en tu familia que (tomar) __________ clases de piano?

2. No conozco a nadie que...

Practicing the subjunctive

Rewrite each sentence in the negative, using the subjunctive.

1. Conozco a alguien que da lecciones de guitarra clásica.

No conozco a nadie que dé lecciones de guitarra clásica.

2. Conozco a alguien que tiene una colección de discos de jazz.

____

3. Conozco a alguien que vende zapatos de baile.

____

4. Conozco a alguien que sabe la letra de muchas canciones.

____

NOMBRE____FECHA______________

3. Se busca alguien que...

Practicing the subjunctive

Imagine you are putting together a show and need people to perform different activities. Using the pictures as cues, write announcements for the types of people you need.

1. Se busca alguien que sea buen actor.

2. ______________________________

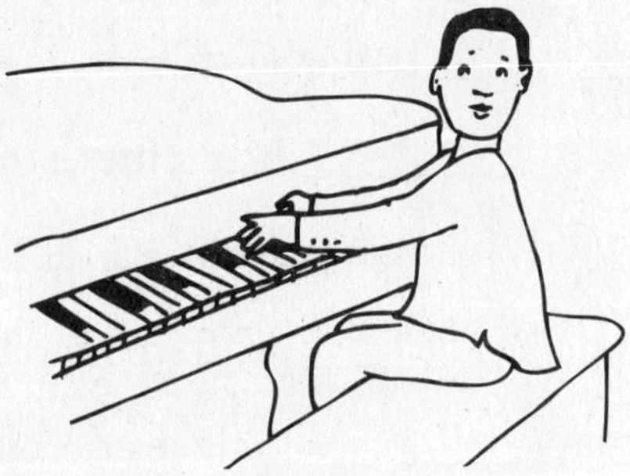

3. ______________________________

4. ______________________________

5. ______________________________

6. ______________________________

NOMBRE____________________________________FECHA__________

PARA COMUNICARNOS MEJOR: GRAMÁTICA

The imperfect subjunctive

- Use the imperfect subjunctive for the same reasons you use the present subjunctive, but only when the first part of the sentence is in the past (imperfect or preterite). Compare these pairs of sentences.

  Present: **Espero que no te pierdas el video de Prince.**
  Past: **Esperaba que no te perdieras el video de Prince.**

  Present: **No conozco a nadie que tenga entradas para ese concierto.**
  Past: **No conocí a nadie que tuviera entradas para ese concierto.**

1. ¿Qué te sugirió?

Practicing the imperfect subjunctive

Rewrite the sentences, using the imperfect subjunctive.

1. Tu hermana me sugiere que vea la película *Blade Runner*.

   ____

2. La maestra dice que leamos una obra de teatro.

   ____

3. Paco no quiere que su novia llegue tarde al cine.

   ____

4. No creo que necesites reservar entradas para el concierto.

   ____

5. El director les pide que pongan las luces más altas.

   ____

2. Un músico famoso

Practicing the imperfect subjunctive

Complete the following interview with a famous musician, using the imperfect subjunctive.

— Cuando eras joven, ¿quería tu padre que (ser) __________ músico?

— No, quería que (ser) __________ abogado. Pero un maestro de piano me aconsejó que (estudiar) __________ música. Me dijo que tenía talento.

— ¿También te aconsejó que (aprender) __________ a cantar?

— Sí, me dijo que (aprender) __________ canto y composición.

3. ¿Quién dijo que lo hiciéramos?

Practicing the imperfect subjunctive

The people in the pictures have given suggestions or commands to someone or some people. Write sentences explaining what they said, using the imperfect subjunctive.

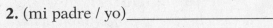

¡Estudien para el examen!

¡No vuelvas tarde!

1. (la maestra / nosotros) La maestra nos dijo que estudiáramos para el examen.

2. (mi padre / yo) ____________________

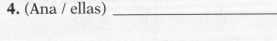

¡Vengan al cine commigo!

¡Vean la última película de Spielberg!!

3. (Paco / nosotros) ____________________

4. (Ana / ellas) ____________________

¡Escucha esta canción!

¡Ven a nuestra fiesta!

5. (Martina / tú) ____________________

6. (sus amigos / él) ____________________

NOMBRE______________________________ FECHA____________

PARA COMUNICARNOS MEJOR: GRAMÁTICA

The neuter article *lo*

- To express an abstract idea, use ***lo*** followed by an adjective.

Lo bueno de la película es la ambientación. — ***What is good about the film is the setting.***

- You may also use ***lo*** followed by ***de*** or ***que.***

Lo que más me gustó fue lo del rescate. — ***What I liked best was part about the rescue.***

1. Lo mejor...

Practicing the article **lo**

Complete the following sentences, using the article *lo*.

1. ______________ más me sorprendió fueron los efectos especiales.
2. ______________ de todo fue cuando apareció el caballo volador.
3. ______________ menos me gustó fue la música.
4. ______________ sorprendente fue cuando la rana se convirtió en príncipe.
5. ______________ viaje a la isla flotante me pareció fabuloso.

2. Lo que hay que hacer es...

Practicing the article **lo**

Complete the paragraph, using the expressions from the box.

lo único	lo mejor	lo primero	lo del	lo malo	lo que	lo más seguro

Queremos ir al teatro esta noche. ____________ que tenemos que hacer es reservar las entradas. ____________ es que lo hagas tú, Elena, porque estás al lado del teléfono. Después tenemos que llamar a un taxi; ____________ tráfico va a ser complicado a esta hora. Vamos a tener que salir bien temprano. ____________ es que Jacobo no llega hasta las siete. Pero no podemos llegar tarde, porque parece que ____________ es el principio. ____________ no creo es que podamos sentarnos todos juntos. ____________ es que los mejores lugares ya estén vendidos. Pero, ¿qué vamos a hacer? ¡____________ que podemos hacer es probar!

NOMBRE ______________________________ FECHA __________

3. La última película que vi

Practicing the article **lo**

Think of the last movie you saw and write a review by completing the following sentences.

La película es ______________________________

1. Lo mejor de la película ______________________________

____

2. Lo peor ______________________________

3. Lo que más le gusta al público ______________________________

4. Lo que más me gustó a mí ______________________________

5. Lo que más me molestó ______________________________

6. Lo que menos me interesó ______________________________

7. Lo más original de la película ______________________________

8. Lo más divertido ______________________________

4. La mejor película que he visto

Practicing the article **lo**

Now think of the best movie you ever saw and write a review by completing the following sentences.

La película es ______________________________

1. Lo mejor de la película ______________________________

2. Lo peor ______________________________

3. Lo que más le gusta al público ______________________________

4. Lo que más me gustó a mí ______________________________

5. Lo que más me molestó ______________________________

6. Lo que menos me interesó ______________________________

7. Lo más original de la película ______________________________

8. Lo más divertido ______________________________

NOMBRE ______________________ FECHA __________

ADELANTE

1. Sobre la lectura

Reading comprehension

Answer the following questions based on what you have read.

1. ¿Cuál es la diferencia principal entre el teatro y las otras formas literarias?

____

2. ¿Qué son las acotaciones?

____

____

3. ¿Cómo se llama el autor de *El delantal blanco* y de qué nacionalidad es?

____

4. ¿Cuál es uno de los temas preferidos de Vodanovic?

____

5. ¿Qué otra obra es del mismo autor?

____

6. ¿Qué otros autores de obras de teatro conoces?

____

2. ¿Qué fue lo que pasó?

Summarizing what you have read

Write a short summary of *El delantal blanco*. Include the main characters, where the action takes place, and what game the characters are playing. Write about how you liked the play and tell why.

____

____

____

____

____

____

____

____

____

NOMBRE ______________________________ FECHA __________

TALLER DE ESCRITORES

Tú eres el dramaturgo

Writing a scene for a play

Write a short scene, in the form of a dialog, between two characters. Be sure to include stage directions. You might want to show two people who switch roles as a game, and discover new things about themselves and each other. Be creative!

NOMBRE____ FECHA____________

REPASO

1. Tú opinión

Reviewing vocabulary: types of entertainment

List your five favorite types of entertainment. Then list five elements of a movie and of a song. Arrange them in the order of importance to you.

Tipos de espectáculos: ____________________

____

____

____

____

En una película: ____________________

____

____

____

____

En una canción: ____________________

____

____

____

____

2. Te recomiendo o te recomendé que...

Reviewing the present subjunctive and the imperfect subjunctive

Complete the following sentences, using either the present subjunctive or the imperfect subjunctive.

1. Él me recomendó que (comprar) _____________ el disco de los *Caifanes*.

2. ¿Hay alguien aquí que (saber) _____________ bailar flamenco?

3. Nunca conocí a nadie que (bailar) _____________ bien el tango.

4. ¿Hay alguien que (poder) _____________ diseñar los escenarios?

5. ¿Qué película nos recomendaron que (ver) _____________?

6. Espero que no te (perder) _____________ el último video de *Police*.

7. Mis amigos me sugirieron que (ir) _____________ al circo el fin de la semana.

3. Otras fronteras

Reviewing comprehension

Answer the following questions based on what you have read.

1. ¿Cuándo empezó el cine chicano? ¿Qué se hizo al principio?

____

____

____

2. ¿Cuáles son algunos de los temas de las películas de Jesús Treviño?

____

____

____

3. ¿Qué es la zarzuela?

____

____

____

4. ¿Cuándo se compusieron las zarzuelas más famosas? Nombra dos.

____

____

____

5. ¿Contra qué quería luchar Tina Ramírez cuando fundó el Ballet Hispánico de Nueva York?

____

____

____

6. ¿Qué elementos combinan las coreografías del Ballet Hispánico de Nueva York?

____

____

____

NOMBRE________________________________ FECHA__________

RESUMEN

1. **Organizando lo que has aprendido**
Summarizing what you have learned

Fill in the graphic organizer with words and expressions about cultural activities and types of entertainment.

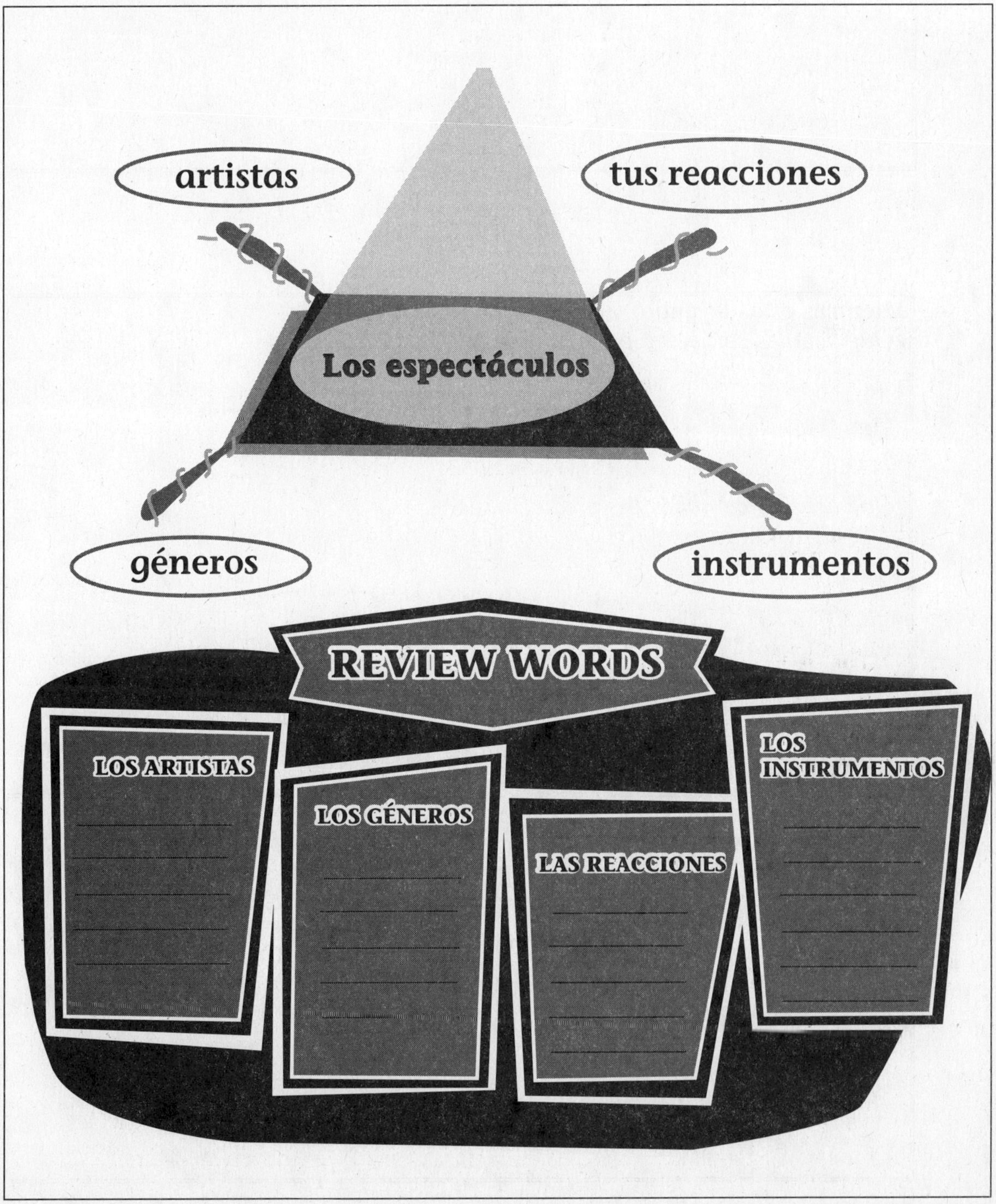

NOMBRE______________________________________FECHA__________

2. Predicciones

Applying your reading skills

Based on *El delantal blanco*, answer the following questions.

Antes de leer:
¿Qué crees que va a pasar?

Mientras estás leyendo:
¿Qué detalles coinciden o apoyan tus predicciones?

¿Qué detalles cambian tus predicciones?

Después de leer:
¿Cómo resultaron tus predicciones?

NOMBRE ______________________________ FECHA __________

¿QUÉ APRENDISTE?

1. ¿Qué te gustó?

Self-test: vocabulary and the article **lo**

Write what these people think of the performance they saw. Explain what they liked and did not like, using *lo*.

1. Arturo vio una película.

____

____

2. Mariana vio un obra de teatro

____

____

3. Ricardo vio un espectáculo de danza.

____

____

2. Tú eres el productor

Self-test: the subjunctive

You are a film producer. Write what people you need for the crew and cast, describing what skills they should have.

Necesito:

____

____

____

____

3. ¿Qué me sugeriste?

Self-test: the imperfect subjunctive

Rewrite the following sentences in the past tense.

1. Te aconsejo que llegues temprano al teatro.

____

2. Nos sugiere que no nos perdamos el concierto de esta noche.

____

3. Me recomiendas que escriba lo que me dices.

____

3. ¿Qué películas te gustan?

Self-test: applying what you have learned.

Write a dialog about movies. Then practice the dialog with your partner.

¿Con qué frecuencia vas al cine?

A. Ask your partner how often he/she goes to the movies.

B. Respond. Then ask your partner the same question.

A. Respond. Then ask your partner what he/she most enjoys about a movie.

B. Respond. Then ask your partner the same question.

A. Respond. Then ask your partner what kind of movies he/she likes.

B. Respond. Ask the same question.

A. Respond.

NOMBRE ______________________________ FECHA __________

CAPÍTULO 9, GUÍA DE VIAJES

Conozcamos Chile

1. Datos sobre Chile

Reading comprehension

A. Answer the following questions about Chile.

1. ¿Cuándo es la época fría en Chile?

____

2. Cuando en Nueva York es mediodía, ¿qué hora es en Santiago?

____

3. ¿Por qué es conocido el desierto de Atacama?

____

4. Además de ser descendientes de indígenas y españoles, ¿de qué origen hay un gran población?

____

B. Write where these places are located.

1. Quinta Vergara ______________________________

2. Cerro San Cristóbal ______________________________

3. Hanga Roa ______________________________

4. Fuerte de Niebla ______________________________

C. For each city, mention places to visit, a typical dish, and an activity.

1. Santiago ______________________________

____

2. Viña del Mar ______________________________

____

3. Valdivia ______________________________

____

2. Proyecto

Creating a travel brochure

A travel agency asks you to design a brochure about Chile. Use the information in the *Guía de viajes* or in any other sources you can find. Use the brochure below as a model

DESCUBRE UN Mundo EN eSPAÑOL

¡Vive con una familia en Perú, Argentina o Chile!¡Conoce otras culturas! ¡Practica deportes! ¡Haz nuevos amigos! ¡Aprende español!

Programas de intercambio estudiantil en América del Sur

Cuzco (Perú)
Cuzco fue la capital del imperio inca. Si te gusta el arte, visita la Plaza de Armas o los museos. Si prefieres los deportes, ven a navegar por el río Urubamba. También puedes hacer una excursión a las ruinas de Machu Picchu.

Valdivia (Chile)
La naturaleza es lo más interesante de Valdivia, una ciudad de la región de los lagos. Sal a mochilear por los parques nacionales, como Aguas Calientes o Puyehue, con su gran volcán.

Buenos Aires (Argentina)
¿Te gustaría vivir en una de las grandes ciudades del mundo? Visita Buenos Aires. Allí puedes aprender a jugar al fútbol, visitar museos y exposiciones, o pasear por los bosques de Palermo. ¡Es bárbaro!

Información importante
La duración del intercambio es de un año. Los programas empiezan en julio, agosto o enero.

Los trámites necessarios para participar en este programa son:

- llenar la solicitud de intercambio
- sacar el pasaporte y la visa
- presentar la autorización de los padres
- presentar tres cartas de recomendación
- presentar un certificado de estudios
- presentar un certificado médico

NOMBRE____FECHA____________

CAPÍTULO 10, EL FUTURO

CONVERSEMOS

¿Qué ves en la bola de cristal?

Using new vocabulary

Answer the questions below and compare your answers with those of your classmates. Then, on a separate sheet of paper, summarize your findings. You may want to use some of these words: *algunos(as), nadie, la mayoría, todo el mundo, estar / no estar de acuerdo.*

1 ¿Qué debemos hacer para que el futuro sea mejor? Organiza esta lista, según tu preferencia (1 a 8). Debemos actuar para que...

______el medio ambiente se mantenga limpio
______el transporte no contamine
______la educación sea para todos
______la tecnología se use con fines benéficos
______las ciudades sean más seguras
______las familias estén más unidas
______las relaciones internacionales sean más cordiales
______todos nos mantengamos sanos

2 ¿Te gustaría que no hubiera...?

	Es importante	No es importante
analfabetismo	❑	❑
desempleo	❑	❑
enfermedades	❑	❑
guerras	❑	❑
hambre	❑	❑
pobreza	❑	❑
prejuicios	❑	❑

3 ¿Crees que algún día habrá escasez de...?

	Sí	No	No sé
agua	❑	❑	❑
comida	❑	❑	❑
oxígeno	❑	❑	❑
petróleo	❑	❑	❑
recursos naturales	❑	❑	❑
trabajo	❑	❑	❑
vivienda	❑	❑	❑

4 ¿Cómo te gustaría que fuera la gente del futuro?

	Más	Menos
agresiva	❑	❑
competitiva	❑	❑
egoísta	❑	❑
espiritual	❑	❑
humanitaria	❑	❑
sana	❑	❑
tolerante	❑	❑
trabajadora	❑	❑

NOMBRE ______________________________ FECHA __________

REALIDADES

1. El futuro de América Latina

Reading comprehension

Answer the questions based on what you have read.

1. ¿Qué le preocupa al joven de Puerto Rico?

Le preocupa mucho la pobreza y el desempleo.

2. ¿Cuál es uno de los problemas más importantes en Latinoamérica?

____

3. ¿Qué porcentaje de chilenos sabe leer y escribir?

____

4. ¿Qué plantas constituyen el 60% de la alimentación mundial?

____

5. ¿Qué tipo de sociedad prefieren los jóvenes uruguayos?

____

2. Problemas y soluciones para el futuro

Applying your thinking skills

Circle the answer that best completes each sentence.

1. Hay 42 millones de analfabetos en...

a. el mundo **b.** Latinoamérica **c.** el país

2. El futuro de la alimentación está en...

a. la biodiversidad **b.** el campo **c.** el trigo

3. La quinua, la oca, el olluco, la arracacha y el tarwi fueron cultivados por...

a. los chilenos **b.** los puertorriqueños **c.** los incas

4. Para el año 2000 muchos jóvenes latinoamericanos estarán buscando...

a. dinero **b.** trabajo **c.** comida

NOMBRE ______________________________ FECHA __________

PALABRAS EN ACCIÓN: VOCABULARIO

1. ¿Optimista o pesimista?

Practicing vocabulary: conditions in the future

Place a check mark next to the response that best describes your point of view. Share your results with your classmates.

1. ¿Cómo crees que serán las relaciones internacionales?
- **a)** Serán competitivas y no serán cordiales. ( )
- **b)** Serán más cordiales y tolerantes. ( )
- **c)** Creo que seguirán igual. Nada cambiará. ( )

2. ¿Cómo crees que será la gente en el futuro?
- **a)** Creo que será competitiva y egoísta. ( )
- **b)** Creo que será más generosa y tolerante. ( )
- **c)** Creo que habrá todo tipo de personas, como ahora. ( )

3. ¿Se podrá obtener una cura para el cáncer?
- **a)** No. La medicina no puede curarlo todo. ( )
- **b)** Sí. Estoy seguro(a) que se obtendrá pronto. ( )
- **c)** Sí, pero tardará mucho tiempo. ( )

4. ¿Cómo crees que será la educación para el año 2050?
- **a)** Será muy cara y sólo algunas personas podrán estudiar. ( )
- **b)** Será gratis, obligatoria y muy buena. ( )
- **c)** Habrá como siempre escuelas buenas y malas, caras y baratas. ( )

2. ¿Qué debemos hacer?

Practicing vocabulary: issues of the future

Write sentences explaining what you think should be done about the following issues to make the world a better place.

1. (la educación) *Debemos tratar que la educación sea para todos.*

____

2. (las relaciones internacionales) ______________________________

____

3. (la tecnología) ______________________________

____

4. (la salud) ______________________________

____

NOMBRE ______________________________ FECHA __________

3. Algunas definiciones

Practicing vocabulary: problems facing society

Write a definition for each word, using the cues in the box.

la gente no sabe leer ni escribir	no hay suficiente trabajo
no hay suficiente dinero	pensar mal de algo o de alguien
malas relaciones entre pueblos o países	no hay suficiente comida

1. La pobreza: no hay suficiente dinero.

2. El desempleo: ______________________________

3. La guerra: ______________________________

4. El hambre: ______________________________

5. El analfabetismo: ______________________________

6. Los prejuicios: ______________________________

4. La gente del futuro

Practicing vocabulary: character traits

Complete the dialog, using the words from the box below.

agresiva	espiritual	sana
competitiva	humanitaria	tolerante
egoísta	pesimista	trabajadora

Héctor: Yo creo que en el futuro la gente será más ____________ y más ____________ .

Amanda: Yo opino que la gente será menos ____________ porque las máquinas lo harán todo.

Ana: Creo que la gente será más ____________ y menos ____________ .

Héctor: Yo soy ____________ respecto al medio ambiente.

NOMBRE ____________________________________ FECHA __________

PARA COMUNICARNOS MEJOR: GRAMÁTICA

The conditional and the imperfect subjunctive

- Use the imperfect subjunctive after conditional phrases.
- To form the imperfect subjunctive remove the ending ***-on*** from the ***Uds. / ellos / ellas*** form of the preterite and add the following endings: ***-a, -as, -a, -amos, -áis, -an***.

1. Para un futuro mejor

Practicing the conditional and the imperfect subjunctive

Answer the following questions, using the conditional and the imperfect subjunctive.

1. ¿Qué deberíamos hacer para acabar con el analfabetismo?

____

2. ¿Qué le recomendarías a una persona con prejuicios?

____

3. ¿Cómo solucionarías el problema del hambre?

____

4. ¿Cómo te gustaría que fueran las relaciones internacionales?

____

2. Día de graduación

Practicing the conditional and the imperfect subjunctive

Complete the note below with the conditional or the imperfect subjunctive.

Querida Susana:

Te deseo mucha suerte. Me (gustar) ______________ que me (escribir) ______________ de vez en cuando y que me (llamar) ______________ por teléfono después de las vacaciones. Tal vez (poder) ______________ hacer planes para ir al cine. Me gustaría que (salir) ______________ juntos. Si esto no (ser) ______________ posible, (ser) ______________ bueno que (escribirse) ______________ de vez en cuando. Un abrazo.

Carlos

NOMBRE ______________________ FECHA __________

2. ¿Qué le recomendarías?

Practicing the conditional and the imperfect subjunctive

Write a sentence saying what you would recommend in each case. Use the expressions in the box below as cues.

estudiar más	patinar en el parque	tirar la baura en el basurero
ir al médico	pedir perdón	usar más el transporte público

1. (a él) Le recomendaría que pidiera perdón.

2. (a ti) ______________________

3. (a ustedes) ______________________

4. (a ella) ______________________

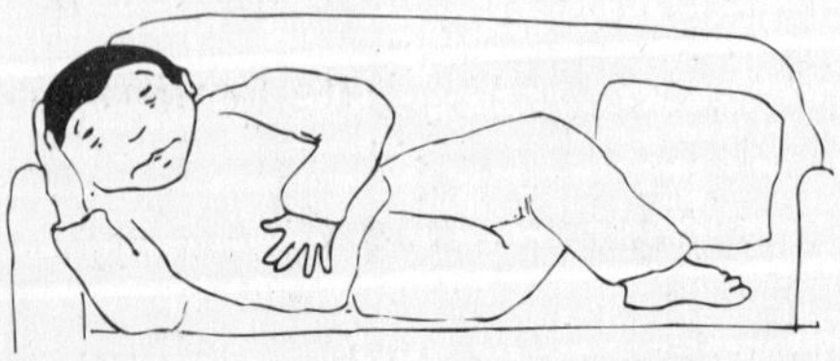

5. (a ellos) ______________________

6. (a ti) ______________________

NOMBRE______________________________FECHA__________

PARA COMUNICARNOS MEJOR: GRAMÁTICA

The future tense and the present subjunctive

- Use the present subjunctive to talk about the future after the following conjunctions.

cuando	después de que	hasta que	tan pronto como

1. Planes y más planes

Practicing the future tense and the present subjunctive

Answer the following questions, using the future tense and the present subjunctive.

1. ¿Qué estudiarás cuando vayas a la universidad? Cuando vaya a la universidad estudiaré biología.
2. ¿Hasta cuándo tendremos problemas de contaminación? ____________
3. ¿Cuándo se irán tus padres de vacaciones? ____________
4. ¿Qué harás después de que termines la tarea? ____________
5. ¿Cuándo vas a llamar a tu mejor amiga? ____________

2. ¿Qué harán?

Practicing the future tense and the present subjunctive

Complete the following sentences, using the future tense or the present subjunctive of the verbs in parentheses.

1. Yo (volver) __________ a mi casa cuando (salir) __________ de la escuela.
2. Mis padres me (comprar) __________ un coche cuando (graduarse) __________ de la universidad.
3. Tú (quedarse) __________ en casa hasta que (terminar) __________ la tarea.
4. Nosotros te (llamar) __________ por teléfono tan pronto como (llegar) __________ a casa.
5. Cuando ella (ir) __________ a la universidad (estudiar) __________ ecología.

NOMBRE_________________________________FECHA__________

3. Tan pronto como podamos

Practicing the future tense and the present subjunctive

Complete the sentences, based on the illustrations below.

1. Juan dice que tan pronto como pueda abrirá su propia empresa.

2. Marta y Clara dicen que ______________________________

3. Tú dices que ______________________________

4. Luis le dice que ______________________________

5. Los abuelos dicen que ______________________________

6. Ana dice que ______________________________

NOMBRE ______________________________ FECHA __________

PARA COMUNICARNOS MEJOR: GRAMÁTICA

The subjunctive: present and imperfect

- Use the present or imperfect subjunctive after the following conjunctions:

antes de que	con tal de que	para que
a menos que	en caso de que	sin que

1. Según las condiciones

Practicing the present subjunctive

Complete the sentences with the expressions from the box below. Use the present subjunctive.

crearse nuevos trabajos	haber recursos naturales
haber mucha contaminación en las ciudades	terminarse la pobreza

1. Creo que a menos que se termine la pobreza no habrá paz en el mundo.
2. El problema del desempleo no se solucionará a menos que ______________________
3. En caso de que ______________________, muchas personas deberán irse a vivir al campo.
4. Con tal de que ______________________, el país resolverá sus problemas sociales.

2. Un regalo práctico

Practicing the imperfect subjunctive

Complete the paragraph, using the imperfect subjunctive.

Para el aniversario de mis padres, yo quería comprarles un contestador automático para que (poder) ____________ recibir todos sus mensajes sin que (tener) ____________ que usar el de los vecinos. A mi madre le pareció una buena idea con tal de que (ser) ____________ barato. Antes de que ellos (cambiar) ____________ de opinión, fuimos a comprarlo.

3. Cuando por fin lo hagamos

Practicing conjunctions

Complete the following sentences with the appropriate conjunctions.

1. ______________ hubiera paz en el mundo, la gente debería ser más humanitaria y tolerante.
2. ¡Actuemos hoy, ______________ sea demasiado tarde!
3. A Luis no le importaría que la gente fuera más agresiva y competitiva ______________ fuera trabajadora.
4. La empresa compró un programa especial ______________ todos sus empleados tuvieran acceso a un sistema nuevo de Internet.
5. Juan le mandó un fax a Pedro ______________ nadie lo supiera.
6. Xiomara Flores dice que estudiará medicina ______________ pueda.
7. Ese chico no será feliz ______________ se gradúe y encuentre un trabajo.
8. Lola se comprará un coche ______________ ahorre dos mil dólares.
9. Arturo Martínez dice que ______________ tenga su empresa será feliz.
10. ¿Qué harás ______________ tengas vacaciones?

4. Cuando pase

Practicing the present subjunctive

Complete the following sentences with the present subjunctive.

1. Margarita irá a México tan pronto como (tener) __________ el dinero.
2. Elisa se va a ir de vacaciones cuando sus padres (volver) __________ de Perú.
3. Cuando (ir) __________ a la universidad quiero estudiar Ciencias Sociales.
4. Luis no va a ver la televisión hasta que (hacer) __________ la tarea.
5. Isabel va a estudiar en la universidad tan pronto como (terminar) __________ el bachillerato.

NOMBRE ____________________ FECHA __________

ADELANTE

1. *La ley del amor*

Reading comprehension

Choose ten words that you learned in *La ley del amor*, then write sentences using each word.

1. ____________________
2. ____________________
3. ____________________
4. ____________________
5. ____________________
6. ____________________
7. ____________________
8. ____________________
9. ____________________
10. ____________________

2. La ciencia ficción

Reading comprehension

Answer the following questions based on what you have read.

1. ¿Qué es una novela de ciencia ficción?

____

____

2. ¿Quiénes son los primeros autores de este género literario?

____

____

3. ¿Sobre qué cosas escribió Julio Verne que todavía no existían en la época en que vivió?

____

____

4. ¿Conoces algunos autores que hayan escrito en este género literario?

____

____

NOMBRE______________________________ FECHA__________

TALLER DE ESCRITORES

Tú eres el alcalde

Writing a speech

Imagine that you are the mayor of your city. What changes would you make? Write a speech for the day you take office. (Keep in mind such things as unemployment, housing, health, the protection of natural resources, and so on.) Answers will vary.

Ciudadanos:

Debemos actuar para que...

NOMBRE ________________________________ FECHA ____________

REPASO

1. Tú opinión

Expressing your point of view: vocabulary and the present subjunctive

Tell what we should do about the following issues to ensure a better future. Then rank them in order of importance to you.

Debemos actuar para que...

1. el transporte ________________________________ (   )

2. las ciudades ________________________________ (   )

3. las relaciones internacionales ________________________ (   )

4. el medio ambiente ____________________________ (   )

5. la tecnología ________________________________ (   )

2. La gente del futuro

Reviewing vocabulary, the conditional, and the imperfect subjunctive

Now tell how you would like the people of the future to behave. List them in order of importance to you.

1. Me gustaría que la gente del futuro...

____

____

____

Y que fuera más...

____

____

____

____

2. No me gustaría que la gente del futuro...

____

____

Ni que fuera...

____

____

____

NOMBRE ______________________________ FECHA __________

3. La sociedad del futuro

Writing about the future

Answer the following questions.

1. ¿Cómo te gustaría que fuera la sociedad del futuro?

____

____

2. ¿Qué tipo de energía te gustaría que usaran los coches en el futuro?

____

____

3. ¿Cómo te gustaría que fueran esos coches?

____

____

4. ¿Qué harías tú para que el futuro fuera mejor?

____

____

5. ¿Qué imagen te gustaría que la gente del futuro tuviera de tu generación?

____

____

____

4. Otras fronteras

Reading comprehension

Based on what you have read, complete the following sentences.

1. Los países gastan mucho dinero en investigación espacial porque piensan que ______________ está en el espacio.

2. En Valencia, España, se está construyendo un proyecto que se llama ______________ .

3. Uno de los artistas latinoamericanos que ha pintado temas relacionados con el futuro es ______________ .

4. La astronauta ______________ hizo su primer viaje espacial en 1993.

NOMBRE____ FECHA______________

RESUMEN

1. Organizando lo que has aprendido

Summarizing what you have learned

Fill in the graphic organizer with words and expressions related to your future.

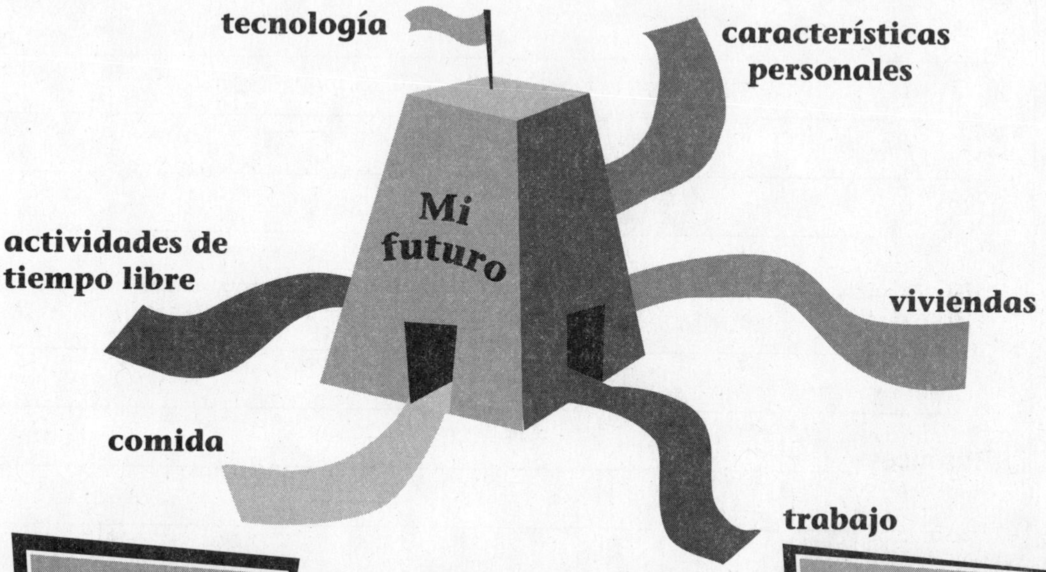

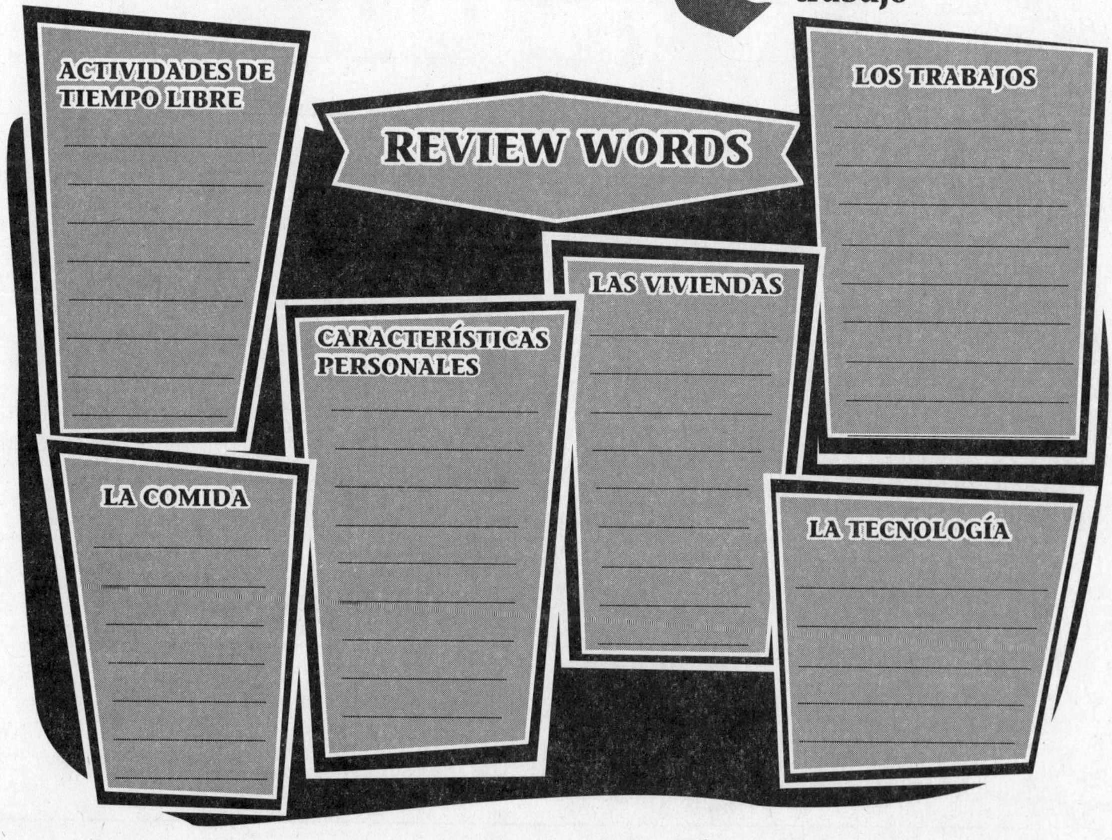

NOMBRE ______________________________ FECHA __________

2. Secuencia de una historia

Summarizing a story and establishing chronology

Summarize *La ley del amor*, telling what happens in chronological order.

Título: ______________________________

Esta historia comienza cuando ______________________________

____

____

____

Después ______________________________

____

____

____

Entonces ______________________________

____

____

____

Luego ______________________________

____

____

____

____

La historia termina cuando ______________________________

____

____

____

____

____

NOMBRE ______________________ FECHA __________

¿QUÉ APRENDISTE?

1. La vida en el futuro

Self-test: vocabulary, the conditional, and the imperfect subjunctive

Write sentences describing how you would like life to be in the future, as it concerns the following topics.

1. La ciudad del futuro

____

____

2. Los trabajos del futuro

____

____

3. Las relaciones entre países en el futuro

____

____

4. La educación en el futuro

____

____

2. Cuando las cosas cambien

Self-test: the present subjunctive, the future tense, and conjunctions

Write sentences telling what you think will happen when the situations described below change.

1. No hay trabajo para todos.

Tan pronto como ______________________

2. La humanidad no es muy tolerante.

Cuando ______________________

3. No se proteje el medio ambiente.

______________ hasta que ______________

4. No se construyen suficientes escuelas.

Después de que ______________________

____

NOMBRE ______________________________ FECHA __________

3. El futuro

Self-test: applying what you have learned

Write a dialog about the future. Then practice the dialog with your partner.

A.
Ask your partner what we should do for a better future.

B.
Respond. Ask what we should not do.

A.
Respond. Ask what other problems we have now.

B.
Respond. Ask if he/she thinks someday there will be a shortage of natural resources.

A.
Respond. Ask how he/she would like the people of the future to be.

B.
Respond.

CAPÍTULO 10, GUÍA DE VIAJES

Conozcamos Argentina

1. Datos sobre Argentina

Reading comprehension

A. Answer the following questions about Argentina.

1. ¿Qué lugar ocupa Argentina en orden de tamaño entre los países del mundo?

____

____

2. ¿Durante que meses es invierno en Argentina?

____

____

3. Menciona las principales actividades productivas de Argentina.

____

____

4. ¿Con que nombre fue fundada la actual capital argentina?

____

B. Describe the most interesting tourist attraction in each place.

1. Buenos Aires ______________________

____

2. La provincia de Mendoza ______________________

____

3. La Patagonia ______________________

____

C. Plan a dinner in Argentina, listing what dishes you would include and describing the ingredients.

1. Entrada: ______________________
2. Sopa: ______________________
3. Plato principal: ______________________
4. Postre: ______________________

NOMBRE______________________________________FECHA____________

2. **Proyecto**

Creating a tourist map

As a travel agent, you are invited to a school to talk to the students about Argentina. To make your speech more interesting, you decide to prepare a tourist map of the country, including places to visit, activities, and food for each city or region. Use the information provided in the *Guía de viajes* and any other information you can find.

El noroeste

____

____

____

____

____

____

Buenos Aires

____

____

____

____

____

____

Mendoza

____

____

____

____

____

____

La Patagonia

____

____

____

____

____

____